백년어서원 창가에서 읽는 시

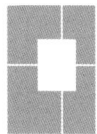

스미다

백년어서원 창가에서 읽는 시

스미다

김수우 엮음

푸른 노래만을 부르리라

님이야 날인 줄 모로셔도 내 님 조츠려 호노라

님이야 날인 줄 모르시도 내 님 좇으려 하노라

들어가며

　백년어서원은 이층인데도 큰 건물에 가려 햇살이 그리 잘 들지 않는다. 허나 아침 햇빛이 꼭 다녀가는 창문이 하나 있다. 종종 그 빛살에 기대 시집을 뒤적이곤 했다. 잠시 내게 스민 햇살같은 시편들을 전한다. 혼자 기도 중이던 무릎같은 언어들은 일상이 제게 얼마나 성실한 빚인지 깨닫게 했다. 두껍게 겹을 이루며 창가를 지나가는 시꺼먼 전선, 비둘기들이 종종 놀러온다. 그 붉은 발가락들. 단단히 전선을 움킨 발가락을 볼 때마다 삶이 숭고해졌다. 이 책에 담은 시편들은 그 붉은 발가락을 닮았다. 행간마다 울리는 전언들이 전선을 타고 어디까지 흘러갈 수 있을까. 가난한 방을 밝히는 순열한 불빛이 될 수 있을까. 저절로 기도가 인다. 자갈치 어물전 옆 깡통화분에 피어있던 노란 칸나 한 송이가 걸어온다. 우리들의 소소한 사정들이 우주를 운영하는 중이니.

　　　　　　　　　　　이천십육년 시월 백년어 창가에서
　　　　　　　　　　　김수우 절

思無邪

차례

떨리다

016 정낙추　갈꽃비
018 김사인　공부
020 송경동　당신의 운명
022 김선우　맑은 울음주머니를 가진 밤
024 최종천　도마
026 유홍준　새들의 눈꺼풀
030 허수경　낯익은 당신
032 이윤택　노래
034 고진하　소똥
036 김기택　그와 눈이 마주쳤다
038 노혜경　바람이 말했다
040 정의태　이슬은 아파하지 않는다
042 세사르 바예호　강도와 높이
044 비스와바 쉼보르스카　사진첩
048 김수영　서시
050 문태준　이제 오느냐

견디다

054 최승자 　일찍이 나는
056 정일남 　노숙자
060 정희성 　허수아비
062 김해자 　바람의 경전
064 황규관 　밥
066 송찬호 　구두
068 박남준 　따뜻한 얼음
070 하종오 　후식
074 박진규 　화엄사 중소中沼
076 권현형 　그녀
078 고명자 　양철 이불
080 황학주 　노랑꼬리 연
084 권혁웅 　포장마차는 나 때문에
086 이성희 　씨앗
088 함순례 　뜨거운 발
090 호세 마르티 　멍에와 별
094 파블로 네루다 　건축가

번지다

098 　정진규　　다시, 番外에 대하여
100 　오규원　　빛과 그림자
102 　위선환　　스미다
104 　장석남　　水墨정원 9 -번짐
106 　박영희　　무와 배추
108 　이정록　　의자
110 　강영환　　함께 가는 봄
112 　곽재구　　나무
116 　김형술　　유목민의 눈
118 　고영　　　달팽이집이 있는 골목
120 　나희덕　　길 위에서
122 　정일근　　정구지꽃
124 　김종해　　사라지는 사람들을 생각하며
126 　김상미　　나는 네가 더 아프다
128 　주용일　　강
130 　유지소　　낮달
132 　이르마 피네다　밤의 위장

여미다

136 이홍섭　절
140 문인수　새떼
142 정끝별　사랑의 병법
146 김남조　서녘
148 강은교　희망
150 이경림　푸른 호랑이
152 이강산　겨울, 여름 나무 아래서
154 박남희　물을 여미다
158 최영철　본전 생각
160 공광규　법성암
162 허만하　운문호
164 안상학　선어대 갈대밭
166 신정민　맨 처음
168 이규열　눈물뼈
170 이선형　짐짓
172 서규정　결별

두드리다

176 미야자와 겐지　비에도 지지 않고
178 정한용　후일담
180 이상국　한계산성에 가서
182 서정춘　아름다운 독선獨善
184 이중기　나는 기러기의 배후가 되고 싶다
186 문정희　흙
188 박정대　약속해줘, 구름아
190 박노해　그날이 오면
194 복효근　노래의 기원
198 조용미　가을밤
200 손세실리아　통한다는 말
202 안도현　햇살의 분별력
206 장옥관　춤
208 오정환　걸레질
210 김참　바다를 건너는 호랑이들
212 김시습　북명北銘

219 이 책의 시인들

*본문 전각_ 윤석정 서예가

떨리다

갈꽃비

정낙추

아버지께서 갈꽃비를 만드신다
지난가을
당신처럼 하얗게 늙은
갈대꽃을 한아름 꺾어 오시더니
오늘은 당신 몫의 생애를
차근차근 정리하여 묶듯이
갈꽃비를 만드신다

나이 들어 정신도 육신도
가벼워진 아버지와 갈대꽃이
한데 어우러져 조용히 흔들린 끝에
만들어진 갈꽃비
평생 짊어진 가난을 쓸기엔 너무 탐스럽고
세상 더러움을 쓸기엔 너무 고운
저 갈꽃비로
무엇을 쓸어야 할까

서러운 세월 다 보내신
아버지의 한 방울 눈물을 쓸면
딱 알맞겠는데
아버지는 끝내 눈물을 보이지 않으신다

투명하도록 하얀 갈대꽃을 끌어안고 갈꽃비를 만드는 아버지. 그 손끝에서 출렁이는 떨림과 울림, 함께 늙는 아들의 눈에 담긴 한 육신과 정신이 정말 고요하고 순결하다. 끝내 눈물 한 방울 보이지 않고 올곧게 감당해낸 한 생애. 평생 가난을 짊어지고 세상 더러움을 의연하게 견뎌온 한 존재가 이제 스스로 빛나는 것. 금강金剛이란 그런 걸 일컫는 게 아닐까. 초겨울 햇살이 닿는 빈 나뭇가지만큼 생명이 순정해지는 순간이다. 경진의 어떤 위대한 구절보다도 우리를 감동시키는 건 진실한 시간을 겪어낸 누군가의 양심. 지상 한 모퉁이의 그 정직한 에너지는 고결한 파장을 만들면서 흘러흘러 모든 모독을 치유한다. 아무리 가치가 혼탁한 중에서도 자연을 닮아가며, 스스로 빛나는 영혼들이 있어 우리가 미세하게 떨린다.

공부

김사인

'다 공부지요'
라고 말하고 나면
참 좋습니다.
어머님 떠나시는 일
남아 배웅하는 일
'우리 어매 마지막 큰 공부하고 계십니다'
말하고 나면 나는
앉은뱅이책상 앞에 무릎 꿇은 착한 소년입니다.

어디선가 크고 두터운 손이 와서
애쓴다고 머리 쓰다듬어주실 것 같습니다.
눈만 내리깐 채
숫기 없는 나는
아무 말 못하겠지요만
속으로는 고맙고도 서러워
눈물 핑 돌겠지요만.

날이 저무는 일
비 오시는 일
바람 부는 일
갈잎 지고 새움 돋듯
누군가 가고 또 누군가 오는 일
때때로 그 곁에 골똘히 지켜섰기도 하는 일

'다 공부지요' 말하고 나면 좀 견딜 만해집니다

공부라는 단어에 어쩌면 생명의 모든 답이 있지 않을까. 공부는 호기심과 궁금증이며, 질문과 대답이며, 결국은 생명을 이해하는 방식이기 때문이다. 먼지가 우주가 되고, 우주가 먼지가 되는 일을 이해하는 것이 공부이다. 끝도 없고 방식도 없고, 질량도 없다. 다만 방향이 있을 뿐이다. 어쨌거나 그렇게 생명을 견디어나가다 보면 태어남도 죽음도 울음도 웃음도 다 존재가 피고지는 공부임을 알게 된다. 그 공부를 제대로 해내지 못한다면 우리는 재수해야 한다. 한 과정을 통과할 때까지 반복해야 하는 것.

인디언 영성에서 여성의 영적 진화는 남성보다 훨씬 빠르다고 한다. 남성은 끝없는 수행을 통해야만 깨달음을 얻지만, 여성은 생명을 낳고 기르는 모성성을 통해 깨달음을 얻기 때문이다. 그렇다면 공부는 생명성 자체에 대한 능력임이 분명하다. 공부는 대지적인 모성이 그 근원일지 모른다. 생명을 키워내는 무한한 기다림과 그 사랑 말이다. 그렇게 영혼이 진화하는 것이 진정한 공부다. 그 생명성이 사회적 진화를 이끌어내지 못한다면 공부는 또 얼마나 허망할까. 그렇다면 성공을 추구하는, 이 극단적인 물질 시대의 교만한 공부는 얼마나 잘못 가고 있는 것일까.

당신의 운명

송경동

어머니는 밤 기도를 드리고
나는 두 칸짜리 미닫이문 너머에서
바퀴벌레를 잡는다

어머니의 구원은 언제쯤 이루어질까
어머니는 한때 팥알을 씻어 절간에 다녔다
아카시아향 번지는 개척교회 돌계단도 올랐고
생활이 더 말라가는 말년엔
미사포를 넣고 성당엘 다닌다

그런 어머니를 비꼬기도 했지만
난 어머니의 그 천연덕스러움이 좋다
곤궁한 생활을 피게만 해준다면
설탕이 아닌 사카린이면 어떻고
꿀 아닌 물엿이면 어떤가

어머니에게 절대적인 것은 생활이어서
바퀴벌레처럼 어두운 이 삶이 펴지지 않으면
저 신의 운명도 오래가지 못하리라.

신에게도 운명이 있다. 신의 운명은 인간이다. 인간이 신을 태어나게 하고 신을 죽게도 한다. 신들은 그 이치를 잘 아는데, 문제는 인간들이 그것을 깨닫지 못한다. 인간의 운명이 신의 의지인 것처럼 착각해서는 안 된다. 그 반대다. 인간이 신을 아름답게도 거룩하게도 만들고, 인간이 신을 철학적으로 예술적으로 만든다. 인간은 자신이 살아내고 있는 생명이 얼마나 용맹한 것인지 아는 걸까. 일상이 비천해질수록 인간은 무한한 상상력으로 자신의 영혼을 바라볼 줄 안다.

기도를 한다는 것, 기도를 할 줄 안다는 것은 신을 태어나게 하고 신을 깨어 있게 하는 일이다. 인간은 얼마나 긴 세월 노력을 통해 그 위대한, 그 무수한 신을 탄생시켰던 걸까. 그것을 까맣게 잊고 현대인은 힘들 때마다 맹물처럼 바깥의 권력을 바라본다. 그렇게 멋있는 신들이 세월호와 함께 바다에 잠겨버렸다. 폭력이 난무한 속에 모든 신의 운명이 끝난 것 같다. 하지만 어머니들은 다시 기도한다. 다시 신을 일깨워야 하는 것이다. 다시 신의 심판을 탄생시키기 위해 우린 또 얼마나 기도하고 기도해야 하는 걸까. 바퀴벌레 같은 비루한 생활의 비좁은 틈에서 우린 신의 운명을 만든다. 생활이란 어떤 종교보다 숭고하고 절실하다. 신의 운명은 바로 인간이다.

맑은 울음주머니를 가진 밤

김선우

집 앞 밭들 사이에 조그만 논이 있었다는 걸
개구리 울음소리 들려와 비로소 눈치챘다

어느 외로운 식물이 터뜨린
비린 씨앗 같던 올챙이들 어느새 자라
밤에게 둥근 울음주머니를 달아준다
떨어져 구르는 제 몸 어딘가에
울음주머니 하나씩 매달고
더러워진 봄꽃들이 맑은 하늘로 올라간다

부풀어오른 둥근 울음주머니 저편으로
새로 생긴 잔별들이 보리잎처럼
까끌까끌 내 손끝을 찌르며 지나간다
지나온 길들로부터
도대체 나는 어떤 피를 수혈받는 걸까
열망이 사라지고
다만 이 괴이한 평화로움

모든 오늘이
울음주머니 속에 숨고 싶다고 내게 말한다
더러워진 꽃들이 모두 승천하고 난 뒤에도
여전히 세상은 더러울 텐데.

한 소쿠리 맑은 울음. 둥근 울음을 다시 회복하고 싶고, 정직한 울음을 선물하고 싶다. 나의 울음주머니는 어디 있을까. 텅 비고 너덜너덜해진 내 울음주머니를 본다. 한때는 유리알 같은 울음들로 몸을 씻곤했다. 울음의 고갱이 속엔 시간을 관통하는 우주의 신비가 여물곤 했다. 존재의 숙제는 그 울음 속에 다 들어있다. 울음은 삶을 안내한다. 울음은 보이지 않는 데서 끊임없이 순환하는 생명의 질서를 깨닫는 힘이기도 하다. 맑게 우는 능력, 맑게 비워내는 능력, 모두 우리가 잃어버린 것들이다. 지상의 존재는 서로 씻기고 서로 끌어안으며 함께 풍경을 만들어야 하는 것을. 자연처럼 말이다. 욕망의 모래주머니가 아니라 물봉선 같은 울음주머니를 달고 싶다. 그 주머니를 열고 싶다. 일부러 근교로 나가 더러워진 마음을 둥글게 둥글게 울음주머니에 담아 띄울 수 있다면 내 사랑이 더 선명하게 보일 텐데.

도마

최종천

아침을 일으키는 칼질소리를 들어보라
죽음을 생명으로 바꾸는 것이 칼이다
칼은 이를테면 성(性)의 환유나 상징이 아니다
칼은 권력과 무관하다
부엌의 전령인 비린내가 동네를 돌아다닌다
부엌이야말로 가장 신성한 곳이리라
한 죽음이 도마를 건너가면 그곳엔 탄생이 있다
내 주검도 도마에 놓이기만 한다면
한 마리의 닭이나 돼지, 등푸른 생선이 될 것이다
누가 나의 시체를 요리해다오
난 그놈의 화장에도 결사반대다 반대
내 몸이 숲에서 썩어간다면
수천만 마리의 구더기와 날벌레 들을
수억의 미생물을 만들 것이고
잡초는 나의 고독만큼이나 무성하리라
나의 몸은 온전히 새 생명으로 환원되는 것이다
애초에 이 지상은 시체를 요리하는 하나의 도마다
옆집에선 오랜만에 아기가 울고
부엌에선 칼질소리가 아침을 부른다
도마 위를 걸어가는 주검들은 거룩하다
나는 도마 위를 걷고 있다

살아, 부딪치고, 자라고, 죽고, 나누고, 흐르고, 확장되고, 변신하고, 번져가는 것, 그것이 생명이다. 한마디로 흔쾌하게 요리되는 것이다. 요리될 수 있는 것, 요리되어야 하는 것이 생명의 과정이 아닐까. 지구는 그 요리를 위한 하나의 부엌이며 도마이다. 거기서 존재는 서로 연결되고 서로를 먹여살린다. 삶과 죽음은 공존과 영원을 위한 하나의 요리에 불과한지 모른다.

생명을 진행하는 칼질 앞에 무엇이 두려울 것인가. 삶은 순수하고 거룩하다. 칼질 소리는 우리에게 삶의 진화를 보여준다. 요리하는 칼을 두려워하는 까닭은 왜곡된 상징에 있고 권력으로 치환된 문명 때문이다. 우리의 삶이 끊임없이 순환한다면 내 몸이 요리되는 것을 어찌 서럽게 생각하겠는가. 티벳의 천장天葬이나 풍장은 그러한 아름다운 아침의 부엌인 것이다. 천장을 할 때 평소 선한 사람의 뼈와 살은 새들이 깨끗하게 먹어치우지만, 못된 사람의 시신은 새들도 먹지 않아 땅바닥에 함부로 굴러다니게 된다고 한다. 그래서 자식들은 부모의 시신이 곱게 먹히기를 기도하고 또 기도한다.

내가 요리되는 것을 상상해보라. 내가 누군가의 양식이 되어 누군가의 삶 속으로 누군가의 슬픔 속으로 스며드는 일, 어찌 설레지 않겠는가. 그래서 마더 데레사가 있고 이태석 신부가 있다. 내가 세계에 먹히는 일은 위대하다. 그것은 내가 흘러가는 일이고 자라는 일이고 변신하고 진화하는 일이다. 그러기에 삶을 최선으로 깨끗하게, 또한 숭엄하게 살아내야 하지 않겠는가. 조그만 손해에도 예민하고, 욕망이 거부되면 금세 원한에 사로잡히는 이 세태에, 스스로 양식이 되는 이 사유는 즐거운 비린내가 된다. 요리하는 냄새는 얼마나 삶을 맛있게 하는가.

새들의 눈꺼풀

유홍준

　새들이 쓰는 말은 얼마 되지 않는다

　사랑, 자유 비상, 행복, 그리움, 뭐 이런 말들이다 그런데 사람들 귀엔 다 같은 말로 들린다

　새소리가 아름다운 건 상투적인 말들을 쓰기 때문.

　탁구공만 한 새들의 머리통 속에
　독특하고 새로운 단어가 들어 있으면 얼마나 들어 있으랴
　새들은 문장을 만들지 않는다 새들은 단어로만 말한다 새들이 문장을 만들면 그 단어는 의미가 죽어버린다

　새들이 하늘을 가로질러 날아갈 수 있는 건
　가벼운 뼈 때문이 아니다
　탁구공처럼 가벼운 머리를 가졌기 때문,
　사람도 새들만큼 가벼운 머리통을 가지면 하늘을 날 수 있을지도 모른다

　죽은 새의 눈꺼풀을 본 적이 있다
　참 슬프고 안타깝다는
　생각, 맞아

　정신병원에 입원한 그 사람의 눈매가 그랬다 치매 병동에 입원한 그 사람의 눈빛이 그랬다 날마다 빈 대문간에 나와 앉아서 먼 풍경 주워담는 노인네의 눈빛이 그랬다

그들이 쓰는 단어는 얼마 되지 않았다 그들은 날아갔다

죽은 새의 눈꺼풀이 애틋했던 건
살면서 쓰던 단어들이 얼마 되지 않았기 때문.

봄여름가을겨울

가볍게, 더 가볍게, 간결하게, 더 간결하게. 가장 큰 지혜고 가장 어려운 행동이다. 우리는 얼마나 복잡한가. 머리도 무겁고 가슴도 무겁다. 우리가 질서라고 부르는 저 엄청난 문장과 무지막지한 정보는 생명을 옭아매는 감옥이다. 거기에 갇혀, 저 푸른 하늘을 상상해본 적이 언제쯤이던가.

지식은 무거운 소유이며, 욕망을 위해 취득해야만 하는 하나의 기술이다. 그러나 지혜는 결코 무겁지 않다. 차라리 무심함이다. 지혜는 지식이 좌우지할 수 없는 필연성이고, 이 세상에 올 때 이미 존재에 깃들어있던 無用의 능력이기도 하다. 노자는 지식과 지혜는 정반대의 길임을 강조했다. 지식은 소유와 축적이지만 지혜는 그 둘을 버리는 일이기 때문이다. 지식은 자기중심, 인간중심적이지만 지혜는 만물과 공존하며 공명한다.

지혜는 지배하지 않는다. 지혜는 무수한 단어를 인위적으로 조합하지 않는다. 하여 그것은 가볍고 간결하다. 새를 닮은 사람들은 문장을 만들어 남을 설득하려 하지 않기 때문에 소외당한다. 변명을 덧붙이지 않기 때문에 이해받지 못한다. 오히려 그들은 자신 안으로부터 메시지에 귀를 기울인다. 광대한 하늘로부터 오는 메시지를 기다린다. 수없이 자신을 부연하고 강조해내는 사람들은 체계적인 문장으로 권력으로 만들어낸다. 덧붙이고 덧붙인 설명과 강조의 문장들은 끊임없이 시대를 위장하고 억압할 뿐.

새들이 쓰는 말을 이해하려면 정말 순수한 귀와 보이지 않는 내공이 필요하다. 그것은 한없이 가볍다. 한없이 간결하다. 단조로운 음조에 담긴 자유의 표상들. 업보의 사슬을 벗어나려는 수행 없이는 도무지 흉내낼 수 없는 일이다. 정말 외로운 자들은 그 눈꺼풀의 은유를 제대로 알아듣는다. 이 도시에서 그런 울음이 스밀만한 곳이 얼마나 될까. 삶과 죽음이 별개가 아님을 안다는것은 그 생래적인 힘을 따라가지 않으면 도무지 다가설 수 없는 세계이니.

낯익은 당신

허수경

　빛인가, 당신, 저 손등 아래 지는 당신, 봄빛인가 당신, 그래, 한 상징이었을지도 모를 당신, 뭉큰, 손에 잡히는 600그램 돼지고기 같은, 시간, 저 육빛인 당신, 혹, 당신은 빛 아닌, 물인가, 저 발 아래 일렁이는 당신, 물 냄샌가 당신, 그래, 한 기호였는지도 모를 당신, 덜컹, 발에 잡히는 영상 25도 물 온도 같은, 시간, 저 온탕인 당신, 혹 당신은 물 아닌 흙인가, 저
　땅 아래 실은 끓고 있는 바위 같은 당신, 아직 형태를 결정하지 못한, 망설이는, 바위인가, 사방 100킬로 용암의 얼굴 같은, 저 낯익은 당신

낯설음과 낯익음이 충돌하는 경험을 한 적이 있다. 사방으로 아득히 뻗은 현무암 벌판을 한참을 달렸다. 이십여 년 전 대서양 카나리아 제도의 화산섬 란사로테에서였다. 시간과 공간은 굳은 용암의 검은 파도로 일어서며 까마득히 다가왔다. 그 거칠게 밀려오는 현무암의 파도가 내게 '지금'이었다. 아무리 먼 태고의 시공을 거슬러도 거기가 '현재'라는 생각이 뱀처럼 몸을 휘감았다. 모골이 송연하면서 '나'라는 존재가 깊어졌다. 화산 정상에 선 발앞에는 유황 연기가 오르고 있고, 식당은 화산열로 고기를 굽고 있었다. 삶이 더 까마득해지는 느낌.

존재가 접속하는 순간, 파생하는 건 무엇일까. 진심이라는 생각을 한다. 소유를 벗어난 존재가 끔찍한, 징그러운, 절실한 감각으로 마주할 수밖에 없는 실재. 엄청난 무질서가 이루는 질서, 그것이 자연인 것처럼. 무의식과 의식이 무수히 겹쳐진 일상 사이로 본능적 욕구와 원초적 감정이 진심을 이룬다. 그 진심은 상징으로 기호로 동물성으로 또는 광물성으로 온도로 존재할 수도 있다. 솟구치거나 미끌어지며 말이다. 하여 우린 언제 어디서나 매순간 서로의 껍질을, 서로의 내장을 해골처럼 직면할 수밖에 없는 존재들인지 모른다. 우리 속에 헤엄치는 것들이 안과 밖을 향해 끊임없이 물컹이며 달려갈 때 이 우주의 모든 진심이 낯익다. 그 도착과 출발들, 우리 속의 무수한 원형을 만나는 순간 그 아득한 낯설음과 낯익음, 그속에서 우리는 웃는다. 아니 운다. 아니 마냥 그리운 진심을 다시 그리워한다.

노래

이윤택

하산 길
섬진강가에 당도한 젊은 중
세상을 가로질러 가려니 막막해
목 놓아 울다가
문득
강을 거슬러 오르는 은어 떼를 보았다
자신의 울음이 노래인 줄 알고
춤추는 은어 떼를

그 착한 중 제 설움일랑 잊고
춤추는 은어 떼를 위해
목 놓아 노래를 부르니

그 노래
세상을 가로질러 가다

삶은 둥지 안이 아니라 둥지 밖에서 눈부시다. 둥지 밖은 허공이 기르는 것들로 늘 출렁거린다. 거슬러 오르는 은어 떼, 어쩌면 지독한 몸부림일지도 모른다. 허나 울음과 노래, 춤과 몸부림의 경계에서 떨림은 불꽃이 되고, 여울이 된다. 그 경계에서 순수한 시선은 방향을 발견한다. 어떤 극단의 시대에도 살아 숨쉬는 일은 노래일 수밖에 없다. 불신과 불안의 그물이 우리를 가두어도, 삶은 감동이어야 하는 것. 제 설움을 잊는 일, 그것을 사랑이라고, 또 자유라고 굳이 이름해 본다. 모든 노래는 울음을 딛고 있다. 춤이 고통을 품고 있듯이. 노래도 춤도 우주적 리듬을 타는 일이다. 순수한 아이처럼 울다가도 금세 자기 설움을 잊고 누군가를 위해 노래할 때, 그 곡조는 세상을 가로지른다. 누군가를 향한 선율, 그것이 혁명이다. 답을 찾아가는 울음도, 제 설움을 버린 노래도 아름다운 실천이니. 그 메아리가 출렁출렁 생명의 파동을 키우는 허공이 되었으면.

소똥

― 벵갈의 낮과 밤 7

고진하

그 물건이 땅바닥에 주르르 흘러 떨어지는 동안, 긴 꼬리는 포물선을 그으며 허공을 떠받치고 분홍빛 항문은 둥글게 열려 있다.

그 물건이 뚝, 뚝, 뚝, 떨어지며 다정히 포개져 막 쪄낸 쑥찐빵처럼 모락모락 더운 김을 피워 올릴 때, 대기의 온도도 내 사랑의 체온도 몇 도쯤 올라가고 길을 걷던 이들의 시선은 사뭇 조심스러워진다.

그 물건을 내려놓은 임자가 뒤도 돌아보지 않고 길모퉁이를 돌아 어슬렁어슬렁 사라지면, 그 물건과 그 물건을 내려놓은 임자는 분리되지만, 둥글게 열려 있던 분홍빛 항문은 내 망막에서 쉽사리 지워지지 않는다.

나는 그 물건의 이름을 오랜만에 아주 오랜만에 발음해 본다. 소똥! 가슴이 뻐근하다. 다시 발음해 본다. 소통! (잘못 발음했지만 역시 뻐근하다) 둥글게 열린 내 입술이 분홍빛 항문처럼 열려 다물어지지 않는다.

가장 엄연한 현실이 가장 엄연한 신비가 아닐까. 단순한 성실이 신성을 회복시킨다. 소똥, 따뜻한 리듬으로 층층한 그 등고선은 그 자체로 준엄한 우주이다. 소의 배설행위는 하나의 제의와 같다. '제의'란 절실한 소통 행위이다. 꼬리가 허공을 떠받치고 있는 가운데 벌어지는 경이는 지구의 체온을 끌어올리는 사건인 것이다. 분홍빛 항문에서 '소통'을 발견하는 순간 언어는 기적이 된다. 하나의 예언이 된다. 소똥을 향해, 소통! 이라고 받음하는 찰나, 물질은 치유의 힘을 발휘하는 것이다. 그때 몸뚱이의 모든 메카니즘이 신성한 등고선이지 않겠는가.

同化와 異化, 섭취와 배출의 튼튼한 고리를 통해 몸은 신성한 에너지를 획득한다. 창조신화에서도 똥은 신성하다. 거인신화나 제주의 선문대할망에서 보이듯 우리 산천이 거대한 신의 배설물로 이루어졌다는 것이다. 똥이란, 종합과 융해이며 완성이며 다시 해체를 보여주는 세계다. 순환은 생명현상의 근본으로, 살아있다는 건 물질대사가 진행 중이라는 의미.

입술과 분홍빛 항문, 너무 성실한 자연이며, 소통을 향해 열린 구멍이며, 그 안의 대사작용들은 뜨겁고 치열하다. 무수한 생명이 소똥 같은 층을 이루고 층을 넘으며 존재한다. 우주는 다양한 사물화 과정을 통해 초미립자 나노의 세계에서 초은하계까지 운행되며, 나 또한 그 안에서 반짝이는 순수자연인 것이다. 사회도 마찬가지다. 분자에서 세포, 식물과 동물, 인간, 사회로 층을 구성하며 운동하는 중. 이 신진대사는 입술과 항문을 통해 운행된다. 내가 곧 경이와 신성함으로 열려야 할 사뭇 조심스러운 구멍인 것이다.

이 금속성의 시대, 딱딱한 사각 속에서 소똥은 우주의 비밀을 여는 하나의 키워드, 단추와 같다. 가슴 뻐근한 소통, 바로 인류가 집중적으로 훈련해야 할 작업이리라. 내 입이 둥글게 열려있는, 아주 감각적인 분홍빛 항문이 될 수 있을까. 그것이 우리의 숙제이다.

그와 눈이 마주쳤다

김기택

잠깐 그와 눈이 마주쳤다.
낯이 많이 익은 얼굴이었지만
누구인지는 전혀 기억이 나지 않았다.
너무나도 낯선 낯익음에 당황하여
나는 한동안 그에게서 눈을 떼지 못했다.
그도 내가 누구인지 잠시 생각하는 눈치였다.
그는 쓰레기봉투를 뒤지고 있었다.
그는 고양이가 가죽 안에 들어가 있었다.
오랫동안 직립이 몸에 배었는지
네 발로 걷는 것이 좀 어색해 보였다.
그는 쓰레기 뒤지는 일을 방해한 나에게 항의라도 하듯
야오옹, 하고 감정을 실어 울더니
뜻밖에 아기 울음소리가 터지는 제 목소리가
이상해서 견딜 수 없다는 듯
얼른 입을 다물었다.
그는 다른 고양이들처럼 서둘러 달아나지 않았다.
슬픈 동작을 들킨 제 모습에 화가 난 듯
고개를 숙이더니
굽은 등으로 천천히 돌아서서 한참 동안 멀어져갔다.

해질 무렵 골목에서 길고양이와 종종 마주친다. 잠시 서로를 응시한다. 고양이들이 많아졌군, 하며 무심히 지나칠 수만은 없는, 어떤 강렬함이 몸속을 지나간다. 갑작스레 먼 인연을 추억하듯 내 안에 작은 소용돌이가 휘돌아간다. DNA 속에 분명 서로를 알고 있을만한 이유가 있는 것일까. 서로 다른 모습으로 존재하고 있지만 낮은 그림자 속에 숨어 읽는 애달픈 그 무엇. 응시 속에서 동시에 서로를 환기해내는 존재의 힘, 그것이 생명의 여정인지도 모르겠다.

새로움을 찾아서 종종 여행에 나서곤 한다. 하지만 얼마 지나지 않아 내가 찾아나선 건 익숙함임을 깨닫는다. 가는 곳마다 낯익은 풍경이 놓여 있었다. 처음 부딪히는 풍속이나 언어도 친숙하다. 나일강도 그랬고 라다크산맥도, 에딘버러도, 시실리아섬, 안데스의 마을도, 고대 마야의 사원도, 카리브해의 춤도 그랬다. 그런 친숙함이 차츰 고마워졌다. 그것들은 오래전, 아주 오래전에 내가 절실하게 그리워했던 것들에 틀림없었다.

모든 마주침이 그러할진대 서로에게 존재의 이유가 되는 법을 배워야할 것 같다. 매일매일. 고양이뿐만 아니라, 시든 풀꽃이나 깨진 유리병에도. 우린 그 언젠가 그 어디선가 함께 삶을 공유했던 적이 있는 슬픔들이다. 쓰레기통을 뒤지던 고양이의 민망함이 절실하게 다가온다. 존재의 품위를 기억하고 있는, 고결함을 되씹는 자존감. 그 뒷모습을 통해 존재의 그늘을 깨닫는 순간, 우리는 이 물질 중심에서 조금 자유로워지지 않을까.

바람이 말했다

노혜경

당신이 진실로 민감하다면 알 것입니다
내가 숨을 들이킬 때
아주 작은 진공이
우주의 틈새에 만들어진다는 것을
그 진공으로 겨우내 꼬물딱거리던 생의 기미가
아, 줄탁동시, 비어져 나온다는 것을

지나가던 어린 벚나무 꽃눈에 당신이
호 하고 입김을 불어
저 어린것이 힘들게 기지개 펼 때
당신의 입김으로 틈새를 메꿔야 한다는 것을
동참하셔야 한다는 것을

봄이 오기 위해 해야 할 이 많은 일들이
우리의 이 깊은 한숨이
얼마나 숨차고 가쁘고 후달리는 것일지
벚나무도 알아주면 좋으련만
너무 하염없이 지려고만 하네요
어쩌면 좋을까요, 당신?

살아있다는 것은 무엇일까. 살아야 한다는 건 또 무엇일까. 숙명일까, 의지일까. 순리일까, 기적일까. 결코 무심하지 않은, 어느 한 자락 숨결에 팔목의 솜털이 오소소 일어난다. 한 잎 바람을 들이키는 찰나 우주는 소용돌이친다. 한 잎 바람을 뱉을 때마다 다시 나선형으로 일어나는 소용돌이. 매순간 물방울처럼 울컥 맺히는 진공들과 그 틈을 비집고 술렁이는 생명들. 그 틈을 메꿔야 하는 게 살아간다는 말이고 살아야 한다는 말이리라.

　자연의 생명체는 결코 완전한 멈춤이 없으며, 멈춤 같아도 그 내부에서는 미세한 운동이 끊임없이 일어난다. 이 운동은 나선이다. 알을 낳으러 폭포를 거슬러 오르는 송어의 운동처럼 말이다. 오스트리아 과학자 빅토르 샤우버거는 이 나선운동을 '에너지의 내부 응집 운동'이라고 규정했다. 나선 모양은 우리가 알 수 없는 어떤 에너지를 내부로 응집시켜준다는 것이다. 이 소용돌이는 에너지를 응집시키면서 중력의 영향에서 벗어날 수 있는 힘으로 나아간다. 모든 관계는 구심성 나선 회전이 끊임없이 일어나고 있다. 그렇게 우리는 존재에 동참하고 있고, 동참해야 하는 것이다.

　하지만 무심코 뱉어버리는, 무심코 흘려버리는 숨과 말과 슬픔들. 그래서 봄이 오기도 어렵고, 겨우 봄이 와도 숨차고 가쁘기만 하다. 함부로 소비해버리는 희망, 함부로 내던지는 약속들, 함부로 버려지는 진실들. 그 눈물겨운 것들은 늘 바람으로 분다. 바람으로 돌아온다. 둔탁하고 아둔한 일상 속에서 얼마나 많은 배신들이 자라고 있는 걸까. 굳은살 더께진 발바닥이 아니라, 아기의 손끝 같은 예민한 호흡, 깨어있는 감수성이 있다면 우리 막막한 그리움에도 푸른 새잎이 돋아나지 않을까.

　우리 안에 아름다운 나선을 가질 수 있을까. 진실로 진실에 민감하다면 알 수 있는 것들이 얼마나 많은지, 해야 할 일들이 얼마나 많은지, 그 환하게 열리는 모든 비의에 동참할 수 있으련만. 팽목항의 세월호, 참 하염없다.

이슬은 아파하지 않는다

정의태

들녘을 지키고 섰는 민들레에게 물었다
네가 들녘을 지키며 섰는 이유를 아느냐고
솔잎 끝에 매달린 이슬에게 물었다
네가 솔잎의 눈이 되어주고 있느냐고

민들레가 말했다 나는 들녘을 지키는 것이 아니라
들녘이 나를 안고 있는 것이라고
솔잎 끝 이슬이 말했다
나는 솔잎의 눈을 가리고 있다고

들녘에게 물었다 네가 민들레를 안고 있느냐고
솔잎에게 물었다 이슬이 너의 눈을 가리고 있느냐고

들녘이 말했다 내가 민들레를 안고 있지만
달과 별과 바람이 민들레를 더 좋아해 그런다고
솔잎이 말했다

나는 이슬을 통해 세상을 보고 있는데
이슬은 내게 찔려 많이 아파할 것이라고

자연 속에서 서로가 서로에게 대답하는 법을 배운다. 자기중심 속세에서 대답은 자기의 잣대에 맞추어져 있고 일방적이다. 하지만 자연의 대답은 타자에게 맞추어져 있다. 자연이 공존인 이유, 그것은 자연이 서로 대접하는 법이기도 하다. 내게 맞추는 것이 아니라 타자에게 맞추는 것. 공감의 능력은 바로 이러한 환대와 배려에서 나오는 것이다. 강한 자아가 승리한다고 믿고 있지만 진정한 발전은 '함께할' 수 있는, 공감의 능력에 있다. 공감이 부족은 모든 관계에 상처를 남긴다. 사랑받은 사람만이 사랑할 줄 아는 것처럼, 공감받은 자들은 타자의 고통에 쉽게 공감한다.

세월호의 절망에 공감하는 자들은 하늘 우러러 가슴칠 도리밖에 없어 비통하다. 누군가는 앞으로 우리의 가치관은 세월호 이전과 이후로 나뉠 것이라고 한다. 세월호 이후, 모두 허망을 살고 있다. 그 와중에 어쩔 수 없는 사고라고 대상화시키는 사람들이 있다. 쉽게 희망을 말하는 사람들은 희망이란 얼마나 위험한 것인지 아는 것일까. 세월호에 대응하는 자세를 보면서 우리의 공감이 아주 피상적임을 다시 알게 된다. 성장제일주의, 황금에 매달려 만들어낸 삶이란 얼마나 허구적인 것일까. 그래서 우리가 잃은 것은 공존이고, 남은 것은 다양한 격차이다. '함께 사는', '함께하는' 법 대신에 우리는 불신을 얻었고, 그래서 보험에만 기대는 사회가 되었다.

자연은 우리에게 경외와 경이를 선물한다. 서로를 대접하는 것, 서로를 존중하려는 힘이 곧 경외이고 경이인 것이다. 시인의 언어 속에서 대접하는 법을 배운다. 삶이란 기실 서로에게 대답하는 과정이 아닐까. 지금도 소외되고 잊혀져 있는, 버려진 자들에게, 세월호의 희생자들에게, 우리는 뭐라 대답할 수 있을까.

강도와 높이

세사르 바예호

글을 쓰고 싶다, 그러나 거품이 나온다.
수많은 이야기를 하고 싶다, 몸을 추스를 수가 없다;
모든 말의 숫자는 합계다,
모든 글씨의 피라미드는 껍질뿐.

글을 쓰고 싶다, 그러나 표범이 나온다;
월계수를 키우고 싶은데 양파가 나온다.
말하는 기침은 없다, 모두 바다 안개가 된다.
발전 않는, 신도 신의 아들도 없다.

그래, 그러니까, 우리 그냥 떠나자, 풀을 먹으러,
통곡의 고기, 신음의 열매를 먹으러,
통조림이 된, 우수에 젖은 우리 영혼을 먹으러.

떠나자! 떠나자! 나는 이미 상처난 사람;
이미 마신 걸 마시러 떠나자,
가자, 까마귀여, 너의 알을 살찌워야지.

나의 기도企圖는 언제나 거대한 흐름, 그 흐름의 숨은 질서에 사소한 꼭지일 뿐이다. 세계는 언제나 다른 모습으로 포효하고 다른 양태로 미끄러진다. 하지만 실망할 필요는 없다. 당혹하거나 두려워할 필요도 없다. 모든 것은 어긋나고 있지만 길은 언제나 강한 생명력으로 일어서는 중이기 때문이다. 그 강도와 높이는 상처 속에서 일어나는 기적들일 뿐.

　우리가 할 수 있는 일은 흘러가는 행위이다. 그냥 한참 흘러가다 보면 삶은 모두 필연이 된다. 흘러가는 작업이 미래를, 그 미래가 과거를 만들고 현재를 구축해 낸다. 그래서 우리의 영혼은 늘 상처투성이이지만 그 용기로 우리는 사랑을 한다. 인간이 추구하는 것은 삶도 죽음도 아니다. 삶에의 집착도 아니고 반발도 아닌 단지, 그 가운데서 새로운 절망을 세우는 것이다. 오늘도 그 강도와 높이를 온몸으로 깎고, 세우고, 끌어안는 중이다.

사진첩

비스와바 쉼보르스카

가족 중에서 사랑 때문에 죽은 이는 아무도 없다.
한때 일어난 일은 그저 그뿐, 신화로 남겨질 만한 건 아무것도 없다.
로미오는 결핵으로 사망했고, 줄리엣은 디프테리아로 세상을 떠났다.
어떤 사람들은 늙어빠진 노년이 될 때까지 오래오래 살아남았다.
눈물로 얼룩진 편지에 답장이 없다는 이유로 이승을 등진 사람은 아무도 없다.
마지막에는 코에 안경을 걸치고, 장미 꽃다발을 든 평범한 이웃 남자가 등장하기 마련이다.
정부의 남편이 갑자기 돌아와 고풍스러운 옷장 안에서 질식해 죽는 일도 없다!
구두끈과 만틸라, 스커트의 주름 장식이 사진에 나오는 데 방해가 되는 일도 없다.
아무도 영혼 속에 보스의 지옥을 품고 있지 않다!
아무도 권총을 들고 정원으로 나가진 않는다!
(어떤 이들은 두개골에 총알이 박혀 죽기도 했지만, 전혀 다른 이유에서였다.
그들은 야전 병원의 들것 위에서 사망했다.)
심지어 무도회가 끝난 뒤 피로로 눈자위가 거무스레해진 저 황홀한 올림머리의 여인조차도
네가 아닌 댄스 파트너를 좇아서
어디론가 떠나버렸다. 아무런 미련 없이.
이 은판 사진이 탄생하기 전, 아주 오래전에 살았던 그 누군

가라면 또 모를까.

 내가 아는 한 이 사진첩에 있는 사람들 가운데 사랑 때문에 죽은 이는 아무도 없다.

 슬픔이 웃음이 되어 터져 나올 때까지 하루하루 무심하게 세월은 흐르고.

 그렇게 위안을 얻은 그들은 결국 감기에 걸려 죽었다.

생긴대로

사랑이란 幻. 그래도 우리가 열심히 살았던 세계이다. 아무도 사랑 때문에 죽진 않았지만 결국 그 幻에 기대어 살면서 그 環을 믿었기에 그들 모두 무심한 세월을 견뎠고 무심히 떠났고 아무 미련이 없다. 사진이 우리에게 보여주는 것은 사랑이 부재한다는 확신이다. 幻이었던 그들이 다시 사진이라는 幻으로 남았다. 마야. 그 幻의 존재, 그 사랑의 環과 還을 설명하는 방식이다. 사랑 때문에 죽은 더 얼빠진 얼굴, 그 얼빠진 시간이 없는 건 다행이다. 더 슬픈, 아니면 너 서러운 우리들을 보는 것처럼 비애스러운 건 또 없을 터이니. 사랑 때문에 죽지 않은 것처럼 사랑 때문에 살지도 않았다. 그냥 살았다. 그냥 태어난 것처럼. 그래서 감기로 죽은 그들이 숭고할 지도 모른다. 알고 보면 분노도 비애도 욕망도 비움도 모두 자연사自然史였다. 사랑을 했지만 사랑을 몰랐던 그들 모두는 그저 한 줄기 바람을 품은 채 환원했음이 분명하다. 나의 그림자로. 나의 그늘로. 나의 시어로. 나의 아둔함으로.

서시

김수영

나는 너무나 많은 첨단의 노래만을 불러왔다
나는 정지의 미에 너무나 등한하였다
나무여 영혼이여
가벼운 참새같이 나는 잠시 너의
흉하지 않은 가지 위에 피곤한 몸을 앉힌다
성장은 소크라테스 이후의 모든 현인들이 하여온 일
정리는
전란에 시달린 이십세기 시인들이 하여놓은 일
그래도 나무는 자라고 있다 영혼은
그리고 교훈은 명령은
나는
아직도 명령의 과잉을 용서할 수 없는 시대이지만
이 시대는 아직도 명령의 과잉을 요구하는 밤이다
나는 그러한 밤에는 부엉이의 노래를 부를 줄도 안다

지지한 노래를
더러운 노래를 생기없는 노래를
아아 하나의 명령을

〈1957〉

고독은 점점 구차해진다. 교훈과 명령이 넘치는 시대, 용서할 수 없는, 그러나 끊임없이 요구되는 것들이 너무 많다. 명령이 과잉된 문명, 우리를 기계로 만드는 무수한 요구 속에서 자살과 우울이 만연한 현실이다. 정치와 경제, 문단이 권력화되었고, 소외와 공허가 그득하다. 어떤 노래도 아류가 되고 만다. 나의 노래들은 얼마나 옹색한 희망과 불신으로 덜거덕거리는가. 잘못 신은 신발처럼 불편하기 그지없다.

이 시는 나의 안일한 서정을 반성하게 한다. 이 무모한 시대에, 이렇게 무자비와 무관심과 무절제의 시대에 시인의 지성은, 시인의 감성은 무엇을 할 수 있을까. 시인은 밤에 깨어있는, 시대의 눈동자인데 말이다. 나의 언어들이 끊임없는 명령을 그러모으진 않는지, 내 시가 친구들에게 교훈을 강요하지 않는지. 나는 삶을 직시하고 있는지. 조금씩 비껴나면서 곁눈질로 살진 않는지. 시인의 삶은 결코 평화로울 수 없다. 부끄러움을 알기 때문이다.

나는 진정성을 위장해내는 변온동물, 또는 보호동물인지도 모르겠다. 체 게바라처럼, 데이빗 소로우처럼도 살지 않는 나는 그저 '안빈'이라는 소시민의 특징을 별반 감추지도 않고 무덤덤하다. 그러나 이 시대 지성인의 자각과 책임에 대해서는 무엇이라 할 것인가. 화살처럼 날아오는 질문들이 있다. 되묻고 되묻는 절망을 맴도는 게 어쩌면 다행스럽다. 이십 세기 시인들이 해 놓은 일들은 인간의 슬픔을 더 치장시켜 놓은 일인지 모르겠다.

절망은 미래를 위한 게 아니다. 절망은 땅을 딛고 선 뚝살 많은 발바닥의 진실을 위한 것이다. 그 절망은 인간적인, 전적으로 인간이 무엇이냐하는 의심과 질문이다. 그것이 사상이고 예술이겠지만 아무래도 아직 답을 못쓸 것 같다. 주저주저한다. 어쩌면 부엉이의 노래 같은 이 언어조차도 이미 우리 속에 주어진 명령이었던가. 갈수록 문학이 두려워지는 이유이다. 그러면서 김수영 시인에게서 목소리를 배운다. 소리내는 법, 거절하는 법을 말이다.

이제 오느냐

문태준

화분에 매화꽃이 올 적에
그걸 맞느라 밤새 조마조마하다
나는 한 말을 내어놓는다
이제 오느냐,
아이가 학교를 파하고 집으로 돌아올 적에
나는 또 한 말을 내어놓는다
이제 오느냐,

말할수록 맨발 바람으로 멀리 나아가는 말
얼금얼금 엮었으나 울이 깊은 구럭 같은 말

뜨거운 송아지를 여남은 마리쯤 받아낸 내 아버지에게 배냇적부터 배운

표현을 뛰어넘는 말이 있다. 모든 경계를 뛰어넘는 음성이 있다. '이제 오느냐'. 커다란 기다림을 품은 이 말은 어떤 수사적 기운을 지니지 않았다. 특별한 용어나 개념도 아니다. 하지만 그 무덤덤한 말 속에 '이제'와 '오느냐'라는 두 단어 속에 함축된 세계는 어쩌면 무한의 시간이 아닐까. 무덤덤한 이 말 속에 존재의 형식이 선명하게 담겨있다. 그건 바로 태어남 자체, 살아감 그 자체의 현상학적인 사랑이다. '이제'라는 말 속에는 '오래'라는 시간과 공간이, '오느냐'라는 말 속에는 '기다리고 있었다'라는 존재의 부딪침이 함유되어 있다. 그 안에는 나와 너, 과거와 미래, 주체와 객체라는 서로 대상화된 것들이 용해되면서 흘러가고 있는 것이다. 그 바람의 결은 원형적인 생명을 지향하고 있다. '이제 오느냐', 그것은 하나의 주술이다. '이제 오느냐'고 맞아줄 사람이 없거나, '이제 오느냐'고 맞이할 사람이 없을 때 우린 존재감을 상실한다. 무심한, 맨발 같은 이 음성 속에서 우리는 얼마나 푸른 싹을 틔우는가 말이다.

견디다

일찍이 나는

최승자

일찍이 나는 아무 것도 아니었다
마른 빵에 핀 곰팡이
벽에다 누고 또 눈 지린 오줌 자국
아직도 구더기에 뒤덮인 천년 전에 죽은 시체.

아무 부모도 나를 키워 주지 않았다
쥐구멍에서 잠들고 벼룩의 간을 내먹고
아무 데서나 하염없이 죽어가면서
일찍이 나는 아무 것도 아니었다

떨어지는 유성처럼 우리가
잠시 스쳐갈 때 그러므로,
나를 안다고 말하지 마라
나는너를모른다
나는너를모른다
너당신그대, 행복
너, 당신, 그대, 사랑

내가 살아 있다는 것,
그것은 영원한 루머에 지나지 않는다

존재한다는 것은 내가 없다는 것을 아는 일이다. 내가 아무것도 아님을 아는 일이다. 혹독한 일 같지만 나라고 할 것이 없다는 것을 분명하게 감지하고 인식해야 한다. 내가 무엇을 모르고 있는지를 알아야 한다는 소크라테스의 가르침과 비슷하다. 나는 그야말로 오줌자국이며 천 년 전의 시체에 불과하다. 무엇이 나라고 믿는 것이 있다면 그건 아직 제대로 존재하는 게 아니다. 살아있다는 것은 영원한 루머라는 시인의 직언은 생명의 방식을 가혹하고 선명하게 선고한다. 두렵기도 재미있기도 처절하기도 하다. 루머는 진실도 아니면서도 진실처럼 작용한다.

　문명이 가진 도덕과 언어는 얼마나 인간에게 굴욕이며, 얼마나 많은 오류를 가지고 속이는가. 철저히 허상이다. 결국 루머는 무수한 거미줄에 불과할 뿐이고, 그 관계는 영원한 변칙일 뿐. 그래서 철학이 나오고 종교가 나온다. 空의 세계에서처럼 서로가 서로에게 영원한 루머인 인연을 연민으로 지켜볼 수밖에 없겠다. 그 누구도 안다고 사랑한다고 말하지 말자. 내가 모른다고 할 때 우리는 오히려 앎에 가까워진다. 안다고 생각할 때, 정의내리고 판단할 때 우리는 무지, 無明에 가까워지고 만다. 절대 안다고 말하지 말자. 그냥 흘러가는 영원을 물끄러미 바라보자. 얼마나 불쌍한가. 얼마나 눈부신가.

노숙자

정일남

어느 시대에도 노숙자는 있었다
노숙을 명예로 생각하라
배고픔도 견디기 어렵지만
그렇다고 포식을 구하겠느냐

석가도 예수도 발을 뻗고 누울 집이 없었다

뭉게구름의 층층을 공원의 벤치에 누워서 보면
걸어 온 길이 명료해지겠지

광야에서 견디어 보라
사막에서 목말라 보라
결식하라, 그러다가
생각에 잠긴 눈을 문득 뜨면
가을은 하루의 눈부신 작별에 들고
저녁은 온갖 새들의 노래로 배가 부르다

우리가 진정한 고뇌를 맛보지 않으면
누가 달관의 경지에 이르겠느냐

이 극단적인 물질문명 속에서 노숙은 소외와 잉여의 산물이지만, 역사 속에서 또는 철학 속에서 노숙은 철저히 문명을 반성하는 형식이었다. 이젠 도시 모퉁이에서, 당면한, 한낱 사회문제로 전락한 노숙에서 다시 인간을 성찰하는 것은 우리의 몫이 아닐까. 환경 극복, 그 이전에 우리는 존재의 근원을 배워야 하지 않을까. 광야에서 견디어보지 못하고 사막에서 목말라보지 않으면 어떻게 인간을 이해하겠는가. 예수도 부처도 모두 노숙자였다.

힌두교에서는 한 생애를 네 단계로 나눈다. 의무를 배우고 경전을 공부하는 학습기, 가정을 이루고 부와 명예를 얻는 가주기, 성취한 경제적 기반과 성공을 후손에게 물려주고 산으로 들어가는 임서기林棲期, 그리고 마지막엔 아무 것에도 집착하지 않고 세상을 떠도는 산야신으로 구도의 삶을 사는 유행기遊行期이다. 이 유행기는 탁발을 생계수단으로 하는 단계로써 포기행위도 가족도 사회도 초월하며 해탈에 대한 집착도 벗어버린 경지이다.

하지만 가장으로서의 의무를 다한 자만이 숲에서 명상할 수 있는 자격이 주어진다는 힌두 철학은 결국 노숙은 성숙한 인간이 가야할 마지막 길목임을 가르친다. 산야신이라는 구도자는 삶도 부정하고 죽음도 부정한, 아니 삶도 긍정하고 죽음도 긍정한, 그래서 오히려 균형 잡힌 의식을 가지고 있다.

이 지상의 어둠에 관한 한 우리는 두려움과 불안을 가지고 있다. 특히 무한 소비에 잠식된 영혼들이 더 그렇다. 소유의 끈은 두려움에 닿아있다. 그렇다면 노숙이 명예일 수 있음이니, 스스로 선택한 노숙은 깨달음, 즉 中道의 형식이다. 그렇다면 굳이 육체적인 노숙은 아니더라도 정신적 노숙은 이해할만한 가치가 아닐까. 비록 질서에서 누락된 노숙일지라도 그건 부패가 아니라 저항이 된다.

우리는 끊임없이 채찍질해대는 자본의 회초리에 자꾸 주눅들고 있다. 살아있다는 느낌을 빼앗아버리는 자본주의의 양식에 저항하는 법, 노숙은 그 저항의 한 형태이기도 하다. 극단적으로 치우치지 않는다면 저항이든, 수행이든,

大隱

소외이든 우리는 그 모든 존재 방식을 수긍해야 한다. 의식의 층은 다양하고 복잡하다. 그 누구도 그 지층이 같을 수 없으므로 한 사람의 존재는 그만큼 그 고유한 어둠과 밝음을 지닌다. 어떤 환경에 노출되어있든 우리가 서로에게 공감할 준비가 되어있어야 하는 이유이다.

  우리의 노숙이 더 행복할 수는 없을까. 노숙의 슬픔, 노숙의 연민이라는 단순한 시각은 존재의 어떤 귀결점을 보여주지 않는다. 노숙도 초라하고 어렵지만, 물질의 누에로 갇혀 포식자로 살아가는 우리 문명은 더 초라한 극빈을 보여주기에. 삶이란 광야에서 견디어보는 것이기에.

허수아비

정희성

참새가 참새인 것은
제가 참새인 줄 모르기 때문

허수아비가 허수아비인 것은
제 머리에 새가 앉아도 가만 있기 때문

허수아비 주인이 허수아비나 마찬가지인 것은
허수아비가 참새를 쫓아줄 거라 믿기 때문

이 땅의 농부가 농부인 것은

그런 줄 알면서도 벼 익는 들판에 허수아비를 세우고
우여어 우여어 허공에 헛손질하기 때문

자연이란 것, 자연스럽다는 것은 무엇을 말하는 것일까. 문명은 끊임없는 무리한 의도로 작동된다. 하지만 진정한 자유는 '그냥', '있는 그대로' 살아내는 데서 나오는, 보이지 않는 저력이 아닐까. 참새는 참새답게 허수아비는 허수아비답게 자기 자리를 지킨다. 농부는 농부답게 그 자리를 믿는다. 속을까 불안해하지 않고 의심하지 않고 헛손질을 하고 또 한다. 다 알면서도 충분히 속아주고 그것들이 존재할 수 있도록 지켜주는 것이 농부의 자격이다. 그것이 바보처럼 보이는 사람은 농사를 포기할 수밖에 없다.

모든 관계에서 우리는 절대로 속지 않으려 전전긍긍 애를 쓴다. 그러면서 정작 우리는 자기 자신에게 속는 게 아닐까. 정말 자연스러운 것은 참새가 제가 참새인 줄 모르는 것처럼 나는 내 자아를 몰라야 한다. 자아에 집착하지 않는 것, 그것이 무위자연이다. 그때 삶의 작은 풍경에서 아름다운 이치들이 사월 잎눈처럼 돋아난다. 별스럽지 않은 일상, 그러나 최선을 다해 부지런히 일하는 자리, 그곳이 진리 전부이다.

바람의 경전

김해자

산모퉁이 하나 돌 때마다
앞에서 확 덮치거나 뒤에서 사정없이 밀쳐버리는 것
살랑살랑 어루만지다 온몸 미친 듯 흔들어대다
벼랑 끝으로 단숨에 떨어져버리는 것
안을 수 없는 것
붙잡을 수도 가둘 수도 없는 것
언제 어디서 기다려야 할 지 기약할 수조차 없는 것
집도 절도 없이 애비 에미도 없이 광대무변에서 태어나
죽을 때까지 허공에 삽질을 하는,
영원히 펄럭거릴 것만 같은 무심한 도포자락
영겁을 쓰고도 한 자도 새기지 않은 길고긴 두루마리
몽땅 휩쓸고 지나가고도 흔적 없는
저 헛것 나는 늘 그의
첫 페이지부터 다시 읽는다

바람은 가장 보편적인 상징과 넓은 은유를 가진 가슴이다. 우주, 운명, 사랑, 자유 등 모든 존재론적인 차이를 품고 있는 근원적 원소인 것이다. 태어나는 순간, 우리는 바람을 맞는다. 세상 어디에 바람 없는 자리, 바람 없는 순간이 있었던가. 솔바람부터 광풍에까지, 바닥에서부터 가없는 하늘까지, 가늘고 거친, 무수한 자락이 우리 몸과 마음의 결을 이루고 있음이니. 바로 우리가 늘 출렁이는 까닭이며, 종종 영혼을 기억해내는 까닭이다.

영원히 펄럭거리는 저 헛것, 몽땅 휩쓸고도 흔적 없는 서 헛것이야말로 자연을 키우는 손이 아니었을까. 그러나 동시에 틈과 틈으로 내 몸짓이 일으킨 바람을 기억해야 하리라. 누군가를 바라보고, 안고, 기다리는 모든 떨림이 바람의 마술이 되는 것. 저 산모퉁이를 돌면 또 하나의 바람과 부딪친다. 모든 바람은 늘 첫 페이지로만 구성되는 게 아닐까. 길고 아름다운 그 경전의 첫 페이지를 순간순간 받쳐들어야 하리라. 불어라, 불어라, 내 영혼아. 삶처럼, 죽음처럼, 사랑처럼 바람은 모든 것을 춤으로 만든다.

밥

황규관

이게 다 밥 때문이다.
이런 핑계는 우리가 왜소해졌기 때문
수령 500년 된 느티나무 아래서
참 맑은 하늘을 보며
해방이란 폭발인지 초월인지, 아니면 망각인지
내가 내 맥을 짚어보았다
웃고 울고 사랑하고
그리운 동무에게 편지를 쓰는 시간이
우리를 영영 떠날지도 모르지만
아들아, 밥은 그냥 뜨거운 거다
더럽거나 존엄하거나, 유상이든 무상이든
밥을 뜰 때 다른 시간이
우리의 몸이 되는 것
정신도 영혼도 나는 신뢰하지 않는다
이게 다 밥 때문이다
더 먹어라, 벌써 비운 그릇에
한 숟가락 덜어주는 건
연민이나 희생이 아니다
밥은 사유재산이 아니니
내 몸을 푹 떠서 네 앞에 놓을 뿐
밥을 먹었으면 밥이 될 줄도 알아야지
나무 아래서 걸어 나오니
아직도 지평선이 붉게 젖어 있다

밥은 모든 사람에게 모든 핑계가 된다. 만나거나 떠나는 이유, 행복하거나 서러운 이유, 꽃지거나 꽃피는 이유 등 살아가는 모든 이유가 된다. 밥이 몸인 까닭이다. 밥을 뜨는 순간, 다른 시간이 내 몸이 된다는 것, 다른 장소가 내 피가 된다는 것, 얼마나 소중한 발견인가. 산도 바다도 다 내 밥이 되었고, 부모도 자식도 꽃도 새도 다 내 밥이었다. 나는 그 밥으로 자란 것이다. 얼마나 아름다운 것들이 내 밥이 되어주었는가. 밥을 먹었으면 밥이 될 줄도 아는 것이 진정한 지혜이다. 티벳의 '천장天葬'은 마지막 육신을 새들의 먹이로 내어놓는 방식이다. 평생 주변의 것을 먹고 살았으니 마지막엔 밥이 될 수 있는 길도 그렇게 찾아야하지 않겠는가. 밥을 위해 투쟁할 수밖에 없는 이 시대의 건조한 삶이 슬프긴 하지만, 밥 앞에선 정신도 영혼도 그림자가 될 수도 있지만, 그러나 그래서 밥은 뜨거울 수밖에 없다.

나는 얼마나 따뜻한, 맛있는 밥일 수 있을까. 무수한 사람들이 내게 넉넉한 밥이 되어주었듯이. 이젠 나도 누군가에게 밥이라는 절실한 이름이 되어 줄 수는 없을까. 계절이 눈부실수록 '밥'이라는 이름이 절실하다. 그 삐걱거리는 나룻배를 타고 지금, 여기에 도착했으니. 낮은 음성이 귓가에 오래 맴을 돈다. "아들아, 밥은 그냥 뜨거운 거다".

구두

송찬호

나는 새장을 하나 샀다
그것은 가죽으로 만든 것이다
날뛰는 내 발을 집어넣기 위해 만든 작은 감옥이었던 것

처음 그것은 발에 너무 컸다
한동안 덜그럭거리는 감옥을 끌고 다녀야 했으니
감옥은 작아져야 한다
새가 날 때 구두를 감추듯

새장에 모자나 구름을 집어넣어 본다
그러나 그들은 언덕을 잊고 보리 이랑을 세지 않으며 날지 않는다
새장에는 조그만 먹이통과 구멍이 있다
그것이 새장을 아름답게 하는 것인지도 모른다

나는 오늘 새 구두를 샀다
그것은 구름 위에 올려져 있다
내 구두는 아직 물에 젖지 않은 한 척의 배,

한때는 속박이었고 또 한때는 제멋대로였던 삶의 한켠에서
나는 가끔씩 늙고 고집센 내 발을 위로하는 것이다
오래 쓰다 버린 낡은 목욕통 같은 구두를 벗고
새의 육체 속에 발을 집어넣어 보는 것이다.

어릴 때 엄마가 사준 새 운동화를 안고 잔 경험이 누구나에게 있다. 그때의 신발은 그야말로 보송보송한 한 송이 구름이었고, 수평선 진한 바다였고, 막 구성한 설계도면 같은 미래였다. 자유란 항상 한 켤레 신발 같은 것일지도 모른다. 구두에 발을 집어넣고서야 우리는 먼 길을 나서므로. 그리고 그 먼 길을 돌아오는 것이다. 구두는 하루의 시작이고 하루의 마무리이다. 그래서 구두는 늘 모든 경계를 안고 있다. 출발과 도착, 삶과 죽음, 자유와 구속, 사랑과 이별 등 모든 경계에 신발이 놓인다.

동시에 그건 가죽으로 만든 새장일 수도 물에 젖지 않은 한 척의 배일 수도 있다. 얼마든지 또다른 그 무엇일 수도 있다. 하여 신발엔 무수한 은유와 상징이 작동한다. 존재의 그늘을 담는 그릇인 구두에서 우리는 무엇이든 꺼낼 수 있고, 무엇이든 볼 수 있다. 신발은 항상 시간을 향해 열려 있고 우리를 기다린다. 그리고 우리를 속박한다. 하지만 그 자유도 그 속박도 낡아간다. 그리고 어느 날 우리는 새 자유와 새 속박을 구입한다. 아름다운 세속을 사는 것이다. 그 사랑스러운 자유가 곧 덜거덕거리는 속박인 줄 알지만 개의치 않는다. 날뛰는 발을 품고 살아야하는 것이기에. 우린 충분히 문명에 훈련받았고 상상력에도 훈련받았다. 그리고 절망할 줄도 행복해할 줄도 안다. 구두와 새장의 경계 속에서 우리는 끊임없이 꿈을 꾸고 그리고 세계와 투쟁한다. 신발이 낡을대로 낡으면 키가 자랐고, 엄마는 또 새 운동화를 내 머리맡에 놓아두곤 하지 않았던가.

따뜻한 얼음

박남준

옷을 껴입듯 한 겹 또 한 겹
추위가 더할수록 얼음의 두께가 깊어지는 것은
버들치며 송사리 품 안에 숨 쉬는 것들을
따뜻하게 키우고 싶기 때문이다
철모르는 돌팔매로부터
겁 많은 물고기들을 두 눈 동그란 것들을
놀라지 않게 하려는 것이다

그리하여 얼음이 맑고 반짝이는 것은
그 아래 작고 여린 것들이 푸른빛을 잃지 않고
봄을 기다리고 있기 때문이다

이 겨울 모진 것 그래도 견딜 만한 것은
제 몸의 온기란 온기 세상에 다 전하고
스스로 차디찬 알몸의 몸이 되어버린 얼음이 있기 때문이다
쫓기고 내몰린 것들을 껴안고 눈물지어본 이들은 알 것이다
햇살 아래 녹아내린 얼음의 투명한 눈물자위를
아 몸을 다 바쳐서 피워내는 사랑이라니
그 빛나는 것이라니

온몸으로 삶을 견뎌 찬란한 층을 이루어낸 사람들이 있다. 그들은 가난하다. 예수는 가난한 자가 복이 있다 하였고, 부처님도 무상과 무소유를 가르쳤다. 한 마디로 청빈한 삶을 강조하고 관계의 중요성을 설파했다. 그러나 오늘 어느 누구도 청빈을, 그리고 가난의 가치와 공존을 선택하지 않는다. 극단적인 소유에 치우친 삶이다. 부와 명예를 소유하려는 경쟁은 그야말로 지구의 삶 전체를 쓰레기로 만들고 있다. 너도나도 소비의 노예가 되어버린 현실 가운데서도 거룩한 바보들이 지키는 존엄한 가난이 있다.

그들은 한겨울 속에서 자기 몸으로 버들치며 송사리를 키운다. 그 얼음의 두께, 스스로 차디찬 알몸이 되어 이 땅의 절망을 지키는 모퉁이 사람들이 있다. 그들은 고독에게 모든 물음을 던지며 스스로 고독이 되었다. 그들의 고독이 키워낸 따뜻한 것들이 이 지구를 아직도 푸른 별로 지켜낸다.

그들은 엄청난 음식쓰레기를 만들지 않고, 유행을 따라 백화점을 떠돌지 않고, 집값 땅값에 매달리지 않고 묵묵히 자기 몸으로 한 겹 한 겹 추위를 껴입는다. 자기안빈에 빠진 소시민들은 그것이 바보 같고 답답하다. 왜 저러고 살까, 곁눈질이다. 하지만 거기서 생명의 근원이 나고 있음을 누가 알랴. 그들은 보이지 않는 파장으로 진리를 지키고 있는 성벽인 것이다. 시인은 눈물지어본 사람들은 그것을 안다고 한다. 울어본 사람만이 스스로 얼음의 투명한 눈물 자위를 이해한다는 것. 맑은 얼음의 눈물로 만들어내는 봄. 겨울이란 그래서 빛나는 계절이다. 가장 따뜻한 계절이다. 시대가 아무리 추워도 말이다.

후식

하종오

사내 셋이 식판을 양손으로 들고
국물이 출렁이지 않도록 조심스럽게
햇볕 따스한 구석으로 가서 나란히 앉았다
한 사내는 밥 한 숟갈 국 한 숟갈 뜨고는
하늘을 쳐다보면서 천천히 씹고
또 한 사내는 국에 밥을 말아서는
고개 들지 않고 우물우물 삼키고
다른 사내는 한 입 먹을 때마다
밥풀 몇 알씩 떼어서 비둘기에게 던져주었다
사내 셋은 다 먹을 때까지 말 한마디 하지 않고
저마다 먹는 습관대로 다 먹고 나서야
환해진 얼굴로 서로 빤히 살피었다
역전에서 같이 지낸 지가 벌써 반년
다음에 있어야 할 후식을 기다리는 것이었다
불현듯 한 사내가 미안해하며 일어나서는
꽁초 세 개를 주워와서 돌리고
또 한 사내는 라이터를 꺼내 켜자
다른 사내가 제일 먼저 불을 댕겼다
환한 햇빛 속으로 담배 연기 모락모락
세 사내는 일순간 모든 것을 잊어버렸다

존재를 존재하게 한다는 것은 어떤 것일까. 입고 자고 말하는 방식을 말하는 것일까. 가난한 식사와 노동, 아니면 부와 유희를 뜻하는 것일까. 기실 우리를 존재하게 하는 것은 그것들보다 훨씬 사소한 것들이다. 수학적 크기와 빠른 속도가 아니라, 보이지 않는 데서 피고지는 바람과 햇살이 자연을 유지하는 것처럼 말이다.

존재가 의미있는 것은 홀로 우쭐거리는 방식이 아니라 삶을 나누는 방식 때문이다. 그것을 우리는 공감이라고 부르고 관계라고도 부른다. 밥을 먹는다는 것은 어쨌거나 자기만의 방식이지만 노숙 반 년에 체득한 꽁초의 나눔은 공존의 방식이다. 버려진 꽁초는 서로를 바라보는 약속과도 같은 것. 꽁초를 줍고 라이터를 꺼내고 서로 불을 당기는 동안, 한 모금 내뿜는 순간, 그 짧은 순간순간에 인간은 영원히 존재할 지 모른다.

공감하지 않는다면 삶은 삶이 아니다. 아무리 그득한 물질 속에서 출렁거려도 아무도 공감하는 이가 없다면 그건 불행이다. 반면 아무리 소외된 현실 속일지라도 함께 나눌 그 무엇이 있다면 사람은 강렬한 존재가 된다. 비록 버려진 꽁초일지라도 말이다. 관계의 힘을 잃지 않도록, 홀로 있을 때조차도 우리는 관계를 기억해내야 한다. 나에게 상처를 준 사람조차도.

함께 뱉어낸 담배연기. 모든 차이를 극복해내는 순간이다. 마르틴 부버는 『나와 너』에서 인간의 본질은 '나-너'의 만남 속에 있음을 강조했다. 참된 인간은 열린 공간 속에서 서로를 동등한 대화 주체로 바라보는 존재라는 것이다. '너'를 떠나 살 수 없는 '나'는 숙명으로, 서로가 서로에게 하나의 눈부신 과제이다. 그 숙명을 '나-그것'으로 폄하되어버린 데에 우리 문명의 비극이 있다. 밀고 당기는 보이지 않는 파장으로 우리는 존재한다. 고단한 육신 속에 있는 그 파동이 바로 생명이다. 담배연기 같은 일순간의 환희는 소유가 아니라 존재의 방식으로 그대로 우리 영혼에 작동한다. 관계의 미학에는 많은 것이 필요하지 않다. 담배연기라도 서로 나누면 그것으로 완성이다. 존재에는 조건을

뿌리깊은 나무 샘이 깊은 물

필요로 하지 않는다. 아주 간단한 공식만으로 서로를 존재하게 한다. 함께 나누는 것이다.

'사람답기 위해'라고 강조하면서 우리는 서로를 얼마나 억압하고 있는가. 유아시절부터 시간에 쫓겨 다니며 시스템으로 관계를 구성한다. 진정 원하는 것이 무엇인지도 모르고 주변의 욕구에 밀려다닌다. 결국 공감을 상실한다. 개인 중심으로 물질 중심으로 이동해버린 영혼은 타자는 물론 자신과의 관계도 잃어버렸다.

어떠한 환경에 놓여도 공감한다면 그것은 존재의 순간이다. 그때 삶은 반짝인다. 어떤 남루도 어떤 추위도 어떤 외로움도 잊는 순간이다. 그 순간을 무수한 타협과 물질로 바꿀 수도 있겠지만, 그 순간을 지키는 사람들도 있다. 물질 중심의 계산에서는 도무지 이해하지 못할 계산법이다. 그 순간만으로도 자기 생을 살아낼 수 있다는 건 곧 산야신의 수준이 아니겠는가.

화엄사 중소(中沼)

박진규

갈겨니는 계곡 물빛이어서
계곡이 아무리 유리알처럼 투명하여도
자신을 감쪽같다고 생각하는 것이다
그러나 위에서 하루 종일 내려다보고 있는
늙은 상수리나무는 알고 있었던 것이다
잠시도 가만있지 않고 물속을 헤집고 다니는 갈겨니
그 여리디여린 몸이 가을빛을 받아
바닥에 지 몸보다 더 큰 그림자를 끌고 다닌다는 것을
상수리나무는 행여 배고픈 날짐승이 눈치챌까봐
아침부터 우수수 이파리들을 떨어뜨려
어린 갈겨니를 덮어주었던 것이다

그래, 그렇다. 어디선가 나를 염려해주는 눈길이 있다. 우리는 느껴야 한다. 보이지 않는 데서 우리를 돌보는 가슴이 있다는 것을. 한번도 우린 홀로였던 적이 없다. 늘 누군가의 보이지 않는 손길이 내 주변을 알뜰히 가꾸어 주었던 것. 작은 물고기 갈겨니가 자유로운 데는 늙은 상수리의 지극한 눈길이 있듯 말이다. 시간과 공간을 가로지르는 연기緣起의 세계를 이해한다면 곽곽하고 고단한 삶도 그저 고맙지 않을까. 나의 모든 착각과 불안을 묵묵히 다스려주는 마음. 그것을 우린 자연이라 부른다. 우리가 함부로 잊어버린 자리, 무심코 놓쳐버린 그 시선에서 나를 본다. 자연에서 너무 멀어지고 있는 건 아닌지, 나는 어느 누구를 배려해주고 있는지. 어떤 외로움을 돌보고 있는지. 그늘이 필요한 이에게 그늘을, 햇빛이 필요한 이에게 햇빛을, 슬그머니 보태줄 때, 거친 폭염을 뚫고 가을이 온다.

그녀

권현형

할 줄 아는 일이란 그 뿐인지
늘 쪼그리고 앉아 쑥을 다듬는다
아파트 앞 사거리 길모퉁이 여자
봄나물을 팔고 있는 아낙숲에서
고개를 들어 본 일이란 없는 것인지

신문지 위 쑥만 그저 다듬는다
아예 쑥을 팔 생각은 없다는 듯
오가는 사람들의 눈길은 받지도 않는다
쉰인지 칠순인지 알 수 없는 얼굴
쉰 같기도 하고 칠순 같기도 한 언제나
그 월남치마, 눈꽃 하얗게 내린 그 단발머리

투박한 손끝에서 실바람이 까불까불 미끄럼타는 것을 보게
되었다 어느 날
봄볕이 새록새록 다듬어져
제 빛깔로 빛나는 것을

볼품없고 평이한 몸짓, 눈에 띄지 않는 작은 손길에서 다듬어지는 것이 삶이 아닐까. 문득 눈부시게 다가오는 것들은 어디선가 보이지 않는 그 누군가의 간절함이 오래 닦은 유리구슬일지도 모른다. 늘 한 모서리에서 말없이 자기 생명에 열중하는 몸짓들이 참 많다. 너무 아무렇지도 않아 모두 무관심하지만, 우리 사회를 유지시키는 투박한 이웃들. 그들이 있어 봄이 온 게 아닐까. 그들 손끝에서 봄볕이 제 빛깔로 빛난다. 그녀에게도 생은 최선이었고, 최고였고, 사랑과 이별에 열중하며 깊어갔으니. 무심했던 사람들, 다시 한 번 돌아보게 되는 쑥향기 짙은 그 빛남. 정말 아름다운 그녀들이 우리 안에, 곁에, 뒤에 얼마나 많은지.

양철 이불

고명자

엄마는 다시 빳빳하게 풀을 먹였다
몸에서 오 센티쯤 뜬 이불 속에는
손톱으로 양철 긁는 소리가 났다

가난에도 각을 세워라
엄마의 지론이었다

양잿물에 광목 자루 팍팍 삶으면서
무릎 기운 바지를 입었으나 고개 꼿꼿이 세우고 다녀라

빨갛게 파랗게 광목 물들이면서
아무리 추워도 주머니에 손 넣고 걷지 마라

종잇장처럼 구겨진 오기 서릿발을 세웠다
수제비로 너를 키웠으나
가난한 바탕은 드러내지 마라

이불 밑은 얼음장이었다
빳빳한 광목 호청에 목이 쓸려
칼잠을 잤다, 꿈도 가위에 눌렸다
끌어안을 것이라곤 나밖에 없던 그런 시절이 있었다

자긍심이란 무엇일까. 자기 자신을 제대로 아는 것, 자신을 자기답게 끌어안는 것이 자긍심이다. 곧 어디에도 주눅들지 않으면서도 충분히 겸허할 수 있는 힘을 말한다. 물질이 넘쳐나는 사회인데도 불구하고 사람들은 주눅이 들어있다. 자본에 주눅이 들고 관계에 주눅이 들었다. 돈을 벌어야 한다는 생각에 사로잡혀 있는 것이다. 엄청난 소비가 우리 영혼을 주눅들게 한다. 하지만 더 가난할 때에도 그 가난이 부끄럽지 않던 시절이 있었다. 엄마들은 가난해도, 아니 가난할수록 자긍심을 가르쳤다. 어머니의 목소리를 타고 온 그 가르침은 얼마나 많은 인류의 스승들이 남긴 말인가. 얼마나 많은 예언자들이 전하던 말인가. 〈그 시절〉이란 지나갔기 때문이 아니라, 그때 우리를 토닥이던 손길들 때문에 아름다운 것. 나에게 없는 것으로 주눅들지 말고, 나에게 있는 것으로 당당하자. 충분히 매력적인 시간의 월계관을 믿자. 아무리 가난해도 자신만의 각을 세울 수 있는 자긍심으로 새 창문을 열자. 새로운 하늘이 눈부시게 펼쳐져 있으리니. 언제나.

노랑꼬리 연

황학주

노랑꼬리 달린 연을 안고
기차로 퇴근을 한다 그것은 흘러내린 별이었던 것 같다
때론 발등 근처에 한참을 있었던 것 같다
사랑은 손을 내밀 때 고개를 수그리는 것이니까
길에 떨어진 거친 숨소리가 깜박거리는 것을 볼 수 있었던 거다
아물면서도 가고 덧나면서도 가는
그런 밤엔 가장 듣고 싶은 말이 있어야 할지
네게 물어도 될 것 같았다

도착하고 있거나 잠시 후 발차하는
기차에 같이 있고 싶었다
그런 내 퇴근은 날마다 멀고 살이 외로워
노랑꼬리 연이 필요했던 것이리라
어디에 있든 너를 지나칠 수 없는 기차로 갔던 것 같다
너의 말 한 마디에 하늘을 날 수 있는 댓살이 내 가슴에도 생겼다
꼬리를 자르면서라도 사랑은 네게 가야 했으니까
그것은 막막한 입맞춤 위를 기어오르는 별이었던 것 같다

내 사람이라 말할 수 있는 그런 운명은
오래오래 기억하다 해발 가장 높은 추전역 같은 데 내려주어야 한다,
바람이 분다
지금은 사랑하기에 안 좋은 시절

바람 속으로
바람이 분다
지금은 사랑하기에 좋은 시절

네게로 가는 별, 댓살 하나에 온몸 의지한
노랑꼬리 연 하나 바람 위로 뜬다

有無相生

매사에 섬세해지는 것, 매사에 절실해지는 것, 매사에 운명을 떠올리는 것, 매사 부정적이었다가도 이내 긍정할 수밖에 없는 것, 매사 외롭다가도 이내 따뜻해질 수밖에 없는 것. 그것이 사랑이다. 그것이 기다림이다. 아물다가 덧나고 덧났다가 다시 아문다. 매일매일 댓살을 다듬어 노랑꼬리 연 하나 띄우는 것, 그것으로 살아가는 이유는 넉넉하다. 바람이 불고, 다시 바람 속으로 바람이 부는 것, 그것이 사랑이 자라는 방식이다. 하여 사랑은 그 모든 약속이고, 그 모든 희망이고, 동시에 그 모든 견딤이고, 그 모든 고독이 된다. 나타나고 사라지고 다시 나타나는 것들, 탄생도 죽음도 얻음도 잃음도 존재도 멸망도 모두 사랑의 본성이다. 우리는 어디든 무엇으로든 어떤 방식으로든 영속하는 까닭에. 어제도 저 하늘은 당신에게로 가는 길이었고, 모든 별도 당신에게로 가는 신호등이었다. 내일도 그 훗날에도 그럴 것이다. 혼자 안고 놀던 노랑꼬리 연, 오늘도 아득히 먼 하늘을 날아오른다. 꼬리가 아름답다. 아물다가 덧나고 덧났다가 아문 상처들이 만든 긴긴. 꼬리. 바로 우리이다.

포장마차는 나 때문에

권혁웅

견디고 있다는 생각이 든다면
당신은 누군가를 그리워하고 있는 것이다
포장마차 가본 게 언제인가
포장마차는 나 때문에 견디고 있을 것이다
크기에 빗댄다면
대합탕 옆에 놓인 소주잔 같을 것이다
빙점처럼, 사랑하는 이 옆에서
그이를 중요한 사람으로 만드는
바로 그 마음처럼
참이슬은 조각난 조개의 조변석개를 안타까워 할 것이다
천막을 들추고 들어가는 들큼한 취객의 등이여,
당신도 오래 견딘 것인가
소주병의 푸른빛이 비상구로 보이는가
옆을 힐끗거리며
나는 일편단심 오리지널이야
프레시라니, 저렇게 푸르다니, 풋, 이러면서
그리움에도 등급을 매기는 나라가
저 새벽의 천변에는 희미하게 빛나고 있을 것이다
언제든 찾아갈 수 있지만 혼자서는 끝내 가지 않을
혼자라서 끝내 갈 수 없는 나라가
저 피안의 취객의 등처럼 깜박이고 있을 것이다

꽃 피면 꽃질 것을 염려한다. 만남은 이별을 염려하고, 삶은 죽음을 염려한다. 이 염려는 견딤이 된다. 저 모두는 나 때문에 견디고 있는 것들이다. 그들 때문에 내가 견디고 있듯이. 나를 견디게 하는 것들이, 또한 나로 견디고 있을 것이다. 하여 살아있다는 것은 서로에게 아름다운 빛이다. 사소한 것들의 큰 견딤이 내게 작은 견딤을 선물한다. 저 사소한 꽃잎들이 나를 견뎌주고, 그리고 저 광대한 우주가 나를 견뎌준다는 것. 저 가난한 우정이 나를 견뎌주고, 저 부유한 절망이 나를 견뎌준다. 내가 어찌 이 소박한 소외와 고독을 견디지 못할 것인가. 생명은 서로에게 넘실대는 빛이다. 그 빛은 충분한 빛이 된다. 서로의 꿈을 비추어주는.

씨앗

이성희

나는 모른다
왜 그렇게 많은 다른 시간과 다른 일생들이
이 순간 서로를 스치며 지나가는지
나는 모른다
어떻게 홀로 뻗은 봄날 여린 나무 가지 하나가
평면 공간을 입체로 만드는지
왜 꽃이 벼랑에 피는지
칠이 벗겨진 벽에 왜 이끼가 끼는지 나는
모른다
비탈길 가득 은행잎들이 떨어져 내릴 때
뿌리에 밀려와 있는 바다는 왜 침묵하는지
허공에 손을 내밀면 녹아 버리는
무슨 내밀한 신호 같은 눈들이 가득 날리는 겨울날
왜 씨앗은 그토록 작고 어두운 곳에서 꿈꾸는지
왜 내가 시를 쓰는지

잎눈이 돋고 그 끝자락이 물들고 그 빛깔을 따라 하나의 계절이 돌아오고 흘러간다. 그 변화들이, 그 절묘하고 치열한 변신이 어떤 까닭인지, 무엇을 위한 건지 우리는 잘 모른다. 언제나 그랬듯이 생명의 모든 과정은 비밀이다. 단지 매순간의 모든 만남이, 무수한 교차하는 기쁨과 슬픔이 씨앗이라는 것을 어슴프레 안다. 작고 어두운 곳에서 꿈을 꾸는 씨앗 말이다. 시간과 풍경은 씨앗들의 발아이며, 씨앗들이 펼쳐낸 향기이다. 지금 마주한 풍경은 누군가 오래 품었던 꿈이었으리라. 내가 꿈꾼 것들은 어딘가에서 누군가의 풍경이 되어 있으리라.

시간의 틈바구니에 엎드린 씨앗의 힘을 읽어낼 수 있다면 우린 스스로가 얼마나 우주적인 존재인지 깨달을 수 있다. 고단하고 서러운 순간이 언젠가의 씨앗이라는 것을 헤아리자. 그것을 순리라고 부르지 않던가. 노동도 공부도 기다림도 절망도 분노도 병든 몸도 씨앗이다. 그것은 열매가 아니다. 지금의 삶은 더 고귀한 영혼을 위한 씨앗이다. 그 신비를 다 설명할 순 없다 하여도 현재라는 순간이, 지금 마주한 만남이 강인한 씨앗임을 안다. 마침내 향기를 피워내고 열매를 맺고 하늘과 땅의 진실한 풍경으로 일어설 것이니.

뜨거운 발

함순례

어스름 할머니민박 외진 방에 든다

방파제에서 그물 깁던 오십 줄의 사내
지금쯤 어느 속정 깊은 여인네와
바짓가랑이 갯내 털어내고 있을까
저마다 제 등껍질 챙겨가고 난 뒤
어항의 물비늘만 혼자 반짝인다
이곳까지 따라붙은 그리움의 물살들
밤새 창턱에 매달려 아우성친다
사랑이 저런 것일까 벼랑 치고 바윗살 핥아
제 살 불려가는 시린 슬픔일까
몸이 자랄 때마다
맨발로 차가운 바다를 헤매야 하는 소라게야
울지 말아라 쓸쓸해하지 말아라
게잠으로 누워 옆걸음 치며 돌아가야 할
누더기 등껍질 촘촘 기워간다
물 밀려간 자리 흰 거품 걷어내며
기어나오는
소라게의 발이 뜨겁다

탈각을 통해 삶은 자란다. 온몸을 벗어던지고 맨살로 땅을 기어 다시 몸을 입어야 한다. 그때마다 아프고 그립고 시리다. 우리 영혼은 갑각류를 닮았다. 아니, 우리의 꿈도 사랑도 포유류, 파충류 이전에 애초 갑각류였는지도 모르겠다. 몸을 벗는 그 뜨거움을 선택하지 않고서야 어찌 목숨을 이해할 수 있을까. 뜨겁지 않고서야 어찌 자랄 수 있을 것이며, 꿈을 꿀 수 있을 것인가. 그 시린 발을 가지지 않고서야 그대에게 갈 수 있을 것인가. 죽음을 향해 가는 길 위에서 우리는 얼마나 껍질을 벗어야 할 것인가. 몇 번이나 뜨거운 맨발을 겪어야 할 것인가. 얼마나 큰 어둠에 기대 새 살이 돋기를 기다려야 할 것인가. 하지만 저만치 그대가 기다리고 있음을 믿는다. 오늘도 혼자서 뜨거운 발을 어루만지는 소박한 절망들.

멍에와 별

호세 마르티

햇빛 없는 날, 내가 태어났을 때, 어머니 말씀하길
- 내 품안의 꽃이여, 관대한 오마그노여,
나와 천지창조를 한데 담아 드러낸 이여,
마침내 새와 준마와 인간으로 다시 돌아온 자여,
내 앞에 고통스럽게 주어진,
두 가지 삶의 표징을 보라, 선택하라.
하나는 멍에이니, 누가 그것을 수락하고, 기뻐할 것인가
순순한 황소의 삶이니,
주인에게 순종하고, 따뜻한 짚단과, 푸짐한 귀리를 얻었구나.
또 하나는 밝게 빛나며 우리를 찌르는 별빛이니
산에서 치솟은 산꼭대기처럼.
내게서 태어난 너는 큰 신비여라,
무거운 업보를 진 괴물 같은 죄인들에게 빛을 뿌리니
이 빛을 지닌 자로부터 너도나도 도망치고,
삶에서 빛을 지닌 자 누구든, 홀로 남는구나.
하지만 괴로움 없는 황소 같은 사람
역시 존재로 돌아가, 우둔함을 끄고
우주적 사다리를 새로이 오르리니
두려움 없는 별의 사람이 다스리리라,
창조하듯 성장하라!
엄연히 살아있는 그의 술잔으로 세계가 술을 비울 때
피비린내나는 양식으로 인간의 잔치를 열 때
기쁨과 엄숙함을 내어놓은
그의 고유한 심장은 남과 북으로부터 오는 바람들에게
성스러운 목소리를 불어넣으리니

별은 망토같은 빛으로 감싸는구나.
불을 켜라, 축제처럼, 순수한 바람처럼,
하여 두려움 없이 살았던, 생명 있는 자는
듣는다 그늘에서 한 걸음 위로 뛰어오르는 소리를!

- 멍에를 주실래요. 오. 어머니
두 발로 그 위에 똑바로 올라설 테니까요 저는
이마 위에서 밝게 빛나며 나를 찌르는 별이 훨씬 좋습니다.

困而知之

별빛 같은 삶이 있다. 이상을 품고 스스로를 산화시키는 삶. 그 고결함을 추구한다는 것은 고독 그 자체이지만, 그 선택만이 피비린내나는 인간의 잔치에 기쁨과 엄숙함을 내어놓을 수 있다. 호세 마르티의 별, 바로 체 게바라의 베레모에 달려있던 별이다. 이는 곧 호세 마르티의 이상이었다. 멍에와 별로 상징되는 삶. 맛있는 귀리죽과 따뜻한 짚이 깔린 잠자리를 위해 멍에를 순순히 받아들이는 온순한 소의 삶이 있다. 반면에 고난을 자처하며 스스로 산화하여 빛나는 별이 되고자 하는 의지의 삶이 있다. 비록 현실이 발목을 잡을지라도 하늘을 우러르고 별을 노래하는 마음, 양쪽 발목에는 족쇄가 채워져 있을지언정 이마에는 스스로 빛나는 별을 아로새기고자 하는 의지를 표상해 낸다.

이 저항과 독립 의지는 인간의 자유와 평등을 지향하게 된다. '억압받고 있는 국가에서 시인이 될 수 있는 유일한 방법은 혁명전사가 되는 것뿐이다.' 라는, 극도의 이상주의자이기도 한 그의 발언은 진정한 문학이란 무엇인지, 문학의 실천은 무엇인지를 선명하게 보여준다. 언행이 일치한 진정한 인간으로 대변되는 호세 마르티의 평등 이념은 후세의 혁명가들에게 고스란히 전달된다. 별은 비전이다. 비전은 보이지 않는 것을 보는 능력이다. 자신이 누구이고, 어디로 가고 있으며, 무엇이 그 여정을 인도할지에 대한 발견은 그의 비전에 달려있다. 그 의지는 남이 보지 못하는 걸 보는 데서 비롯한다. '궁극의 평등'을 꿈꾸었던 시인의 별은 그렇게 세상의 밤하늘을 밝히고 있다. 문득문득 우리의 발걸음을 멈추게 한다.

건축가

파블로 네루다

나는 나 자신의 환상을 선택했고,
얼어붙은 소금에서 그것과 닮은 걸 만들었다
나는 큰 비(雨)에다 내 시간의 기초를 만들었고
그리고, 그럼에도, 나는 여전히 살아 있다.

내 오랜 숙련이
꿈들을 분할한 게 사실이고
내가 알지 못하는 채
벽들, 분리된 장소들이 끝없이 솟아올랐다.

그리고 나서 나는 바닷가로 갔다.

나는 조선造船의 처음을 보았고,
신성한 물고기처럼 매끄러운 그걸 만져보았다.
그건 천상의 하프처럼 떨었고,
목공작업은 깨끗했으며,
꿀 향기를 갖고 있었다.
그 향기가 돌아오지 않을 때는
그 배가 돌아오지 않았으며,
사람들은 모두 자신의 눈물 속에 익사했다
그러는 동안 나는 별처럼 벌거벗은 도끼를 가지고
숲으로 돌아갔고.

내 믿음은 그 배들 속에 있다.

나는 사는 것 외에 다른 대책이 없다.

환상을 선택하고 삶을 세워 놓았으니 사는 것 외엔 다른 대책이 없다. 삶을 벼랑으로 깎아낸 우리의 미련한 숙련이 비록 내가 기우뚱한 세계를 짓고 말았어도, 그것을 살아내는 것 외엔 다른 대책이 없다. 그것이 일상이다. 코끼리를 삼킨 보아뱀을 이해하고 사막을 이해한 어린 왕자. 그가 자신의 장미꽃을 그리워하며 자기 별로 돌아갈 수밖에 없었던 것처럼. 내가 세운 모든 환상을 잘 이해하고 어느 날 문득 떠나야 한다. 어떤 비극과 어떤 상실 속에서도 나의 건축을 믿을 수밖에 없다. 그 믿음이 모든 것을 견디게 하고 서로를 견디게 할 것이다. 나의 건축은 그래서 하루하루 절실하다. 하루하루 위태롭고, 하루하루 향기롭다.

번지다

다시, 番外에 대하여
― 律呂集 80

정진규

　문득 돌아보니 눈길이 가 닿지 않았던 것들이 홀앗이들이 널려 있다 같은 으아리꽃 같은 것도 홀앗이로 피고 있는 으아리꽃들이 많다 내팽개쳐져 저물고 있다 차마 쳐다보기 힘들다 番外다 나의 공책엔 等外라거나 列外라는 말이 적힌 대목이 없다 그런 것들보다 番外는 그래도 덜 외로운 편이다 다행이다 순에는 들지 못해도 혼자서 뒤따라 아득히 가고 있다 상처는 보이지 않는다 아닌가? 속이 더 아리게 외로운가? 나도 番外는 된다 더러 순서 쪽에 가담된 적이 한두 번은 있었다 오늘은 홀앗이로 피고 있는 도라지꽃을 보았다 혼자된 그가 수건 쓰고 텃밭에 엎드린 허리의 맨살이여. 番外로 살다보면 아득히 아름다울 때가 있다 가을 저녁 하늘에 혼자서 아득히 날고 있는 기러기 한 마리를 볼 때가 있다

탈속은 속세를 떠나버리는 것이 아니다. 속세에 머물면서 모든 슬픔과 고통에 동참하면서, 그러나 홀앗이로 아득하게 물들어가는 일이다. 내팽개쳐진 것 같고, 잊혀진 것 같지만 그것은 문명의 착각이다. 홀앗이들은 가장 충실한 우주이다. 그들은 천 년된 은행고목 못지않게 이 지구를 꾸려오고 있는 것이다. 텃밭에 엎드린 허리의 맨살이 없다면 어찌 番에 들었다고 우쭐거리는 저 문명이 있을 것인가. 속세에 충실하면서 속세에 집착하지 않는 이들을 함석헌 선생은 '씨올'이라 했던가.

아무도 돌아보지 않아도 성실히 제자리를 지키고 있는, 홀로 제 삶을 꾸려가는 것들은 언제나 그리움을 키우고 있다. 욕망에 밀리거나 쫓기지 않으면서 그러나 삶의 모든 영역에서 그리움을 꾸려가고 있는 존재들. 그 그리움과 외로움의 힘을 우리는 믿고 산다. 힌두철학에서 보자면 산속 수행이 끝나 다시 시장으로 돌아와 홀앗이로 살아가는 산야신인 것이다. 그러면서 충분히 자유롭고 쓸쓸하고 충분히 넉넉하고 그립다. 그것을 우리는 땅 혹은 하늘이라고 부른다. 우리는 그것을 진리로 이해한다. 혼자 아득히 날아가는 기러기를 그제야 볼 수 있기에.

빛과 그림자

오규원

외딴 집이 자기 그림자를 길게 깔아놓고 있다
햇빛은 그림자 안으로 들어가지 않고
밖으로 조심조심 떨어지고 있다
바람도 그림자를 밀고 가지 않고 그냥 지나간다
그림자 한쪽 위로 굴러가던 낙엽들도 몸에 묻은
그림자를 제자리에 두고 간다

기특하고 소중한 정경이다. 조심스러운 배려에 담긴 삶의 경건함이 따뜻하고 고요하다. 존재 그 자체로 삶은 경외이고 경이임이 다가온다. 경외와 경이는 어려운 것이 아니라, 오히려 소박하고 지극하고 무심하다. 모든 존재는 있는 그대로 존엄한 것이기에. 이 시대는 너무 아슬아슬하다. 함부로 말하고 함부로 사랑하고 함부로 이별한다. 함부로 생산하고 함부로 소비한다. 함부로 소유하고 함부로 폐기한다. '조심操心'이란 삼가 마음을 쓴다는 뜻. 낙엽마저도 흩트리지 않는 그 질서는 바로 상생이다. 서로를 향해 존재하는 빛과 그림자. 소유가 아니라 존재하게 하는, 그 사랑을 조심조심 배울 수 있을까. 제자리를 지닐 수 있도록 조심조심 비켜가는 조용한 몸짓이 우리에게 구원이니.

스미다

위선환

밤이었고, 당신의 창 밖에도 비가 내렸다면, 그 밤에 걸어서 들판을 건너온 새를 말해도 되겠다.

새는 이미 젖었고 비는 줄곧 내려서 빗발이 새의 몸속으로 스미던 일을,

깊은 밤에는

새를 따라온 들판이 주춤주춤 골목 어귀로 스미던 일을,

말할 차례겠다. 골목 모퉁이 가등 불빛 아래로 절름거리며 걸어오던 새에 대하여,

새 언저리에다 빛의 발을 치던 빗발과 새 안으로 스미던 불빛에 대하여,

웅크렸고 소름 돋았고 가슴뼈가 가늘게 야윈 새의 목숨에 대하여도,

또는

새 안에 고이던 빗소리며 고여서 새 밖으로 넘치던 빗물과

그때 전신을 떨며 울던 새 울음에 대하여도,

말해야겠다. 그 밤에 새가 자주 넘어지며 어떻게 걸어서 당신의 추녀 밑에 누웠는가를,

불 켜들고 내다봤을 때는

겨우 비 젖지 않은 추녀 밑 맨바닥에 새가 이미 스민 자국만, 축축하게 젖어 있던 일을,

모든 부딪침은 '스밈'이다. 사람과 사람, 사람과 자연, 사람과 사물, 서로가 서로에게 아스라이 스며드는 일, 그것을 우리는 약속이라고, 또 기다림이라고 부른다. 또 어떤 땐 거품이라고, 어떤 땐 된비알이라고 부를 수밖에 없을 때도 있다. 하여 스밈의 일은 치열한 형식이다. 어떤 스밈도 창밖의 풍경일 수 없다. 하여 모든 풍경은 바로 내 영혼의 이야기이며 내 영혼의 새인 것을. 그래서 스미는 일은 서럽고 치열하다. 그 보이지 않는 치열을 우리는 살아있다고 말하는 게 아닐까. 지상에 존재하는 그 모두 그 치열함으로 스밀 수밖에 없다. 모든 틈을 이용하여 스미는 삶. 이를 생명이라고 불러야 할까. 삶도 죽음도 모두 스민 자국으로 가득하다. 아스라한 연민으로 스미는 새. 그 아름다운 깃털들이 모든 존재의 '사이'를 이루고 있으니. 어제처럼 오늘도 내일도 우리는 스미며 서로 젖는다. 저 스밈, 뜨거워라. 아름다워라. 그리고 찬란해라.

水墨정원 9
―
번짐

장석남

번짐,
목련꽃은 번져 사라지고
여름이 되고
너는 내게로
번져 어느덧 내가 되고
나는 다시 네게로 번진다
번짐,
번져야 살지
꽃은 번져 열매가 되고
여름은 번져 가을이 된다
번짐,
음악은 번져 그림이 되고
삶은 번져 죽음이 된다
죽음은 그러므로 번져서
이 삶을 다 환히 밝힌다
또 한번 저녁은 번져 밤이 된다
번짐,
번져야 사랑이지

산기슭의 오두막 한 채 번져서
봄 나비 한 마리 날아온다

얼마나 많은 것들이 내게로 번져왔을까. 무수한 시간과 공간, 그 번짐을 통하여 나는 '지금'에 놓여있는 것. 살아간다는 것은 하나의 수묵화 속이거나 붓을 찍는 중일지도 모른다. 하나하나 쪼개어 분석해서는 그림이 되질 않는다. 모든 경계는 번짐으로 새롭게 변화할 수 있는 준비과정일 뿐이다. 그리하여 사람이나 동물, 식물이나 사물까지, 기쁨이나 슬픔, 사랑이나 절망까지 하나씩 서로에게로 번져가는 자연의 형상인 것이다.

본질이라는 것 자체는 없다. 무수한 번짐과, 번짐으로 인한 변화가 있을 뿐. 여기에서 우리는 변금의 방정식을 분명하게 쓸 수 있다. 영혼이 존재하는 방식도 마찬가지이다. 어떤 역사 속에서도 결국은 서로가 서로일 수밖에 없다. 서로가 서로를 포함하고 있는 게 바로 '오늘'인 것이다. 삶과 죽음을 함께 긍정하고, 모든 부정조차도 인정해주어야 하는 게 모순을 이해하는 공식이다.

다만 내게 운명적으로 번져오는 것들이 있다. 그것이 '우리'가 아닌 '나'를 만든다. 라다크에서 뛰어놀던 어린 승려들의 큰 눈동자에서 번지던 맑음들, 체게바라의 눈빛으로부터 번져오는 높은 열정과 연민들, 피흘림으로 번져간 라틴 아메리카의 혁명들, 마더 테레사의 거친 손등에서 번져나는 기도들, 오래전 잊혀진 시들, 그 모든 것들이 아프게, 아프게 나에게 번져왔다. 그때마다 하늘을 오래 올려다보지 않았던가.

내게서 번져나가는 것들을 돌아본다. 탐심과 이기심과 분노. 먼 나라의 전쟁이나 폭탄 테러, 내 주변의 범죄는 기실 다 내게서 번져나간 것은 아니었을까. 두렵다. 번져온 아름다운 것들이 나로부터 이웃에게 더 깊은 묵향으로 번져갈 수 있을까.

무와 배추

박영희

한 두둑에서는 속이 들고
그 옆 두둑에서는 철이 든다

한 두둑은 한 겹 한 겹 속이 차고
옆 두둑은 쑥쑥 밑이 든다

질세라 한 둔덕이
풍선만 한 가슴으로 단내를 풍기면
옆 둔덕은 손목 크기의 말뚝을 박아댄다

한 둔덕은 위로 속이 차고
한 둔덕은 아래로 아래로 밑이 들어 한입 베어 무니

한 둔덕은 상큼달큼하고
그 옆 둔덕 것은 콧구멍 알싸한 매운 맛이다

위로 자라는 삶도 있고, 아래로 자라는 삶도 있다. 방향은 다르지만 제 맛을 제대로 길어내야 하는 성숙은 똑같다. 그렇게 삶과 꿈에 충실한 이웃의 일상, 서로 질세라 노력하면서도 결국은 자기다운 맛을 보여주는 게 자연이다. 멋이란 것도 그럴 것이다. 결국 가장 자기다워지는 게 멋이 아닐까. 화이부동和而不同. 조화를 이루면서도 서로 다른 개성을 가지는 것이다. 무밭과 배추밭, 어느 시골에 가든 쉽게 만나는 풍경 속에서 제각각의 충실한 일상, 그 조화를 배운다. 이 시대에 우선적 필요가 바로 이 공존의 지혜이리라. 가장 자기다워질 때, 가장 자기다운 삶을 발견할 때 공존은 시작된다. 동시에 다른 존재가 가장 그다워질 수 있도록 도울 때 조화는 완성된다. 그를 위해서 햇살과 빗방울과 바람과 대지가 얼마나 애쓰고 있는가 말이다.

의자

이정록

병원에 갈 채비를 하며
어머니께서
한 소식 던지신다

허리가 아프니까
세상이 다 의자로 보여야
꽃도 열매도, 그게 다
의자에 앉아 있는 것이여

주말엔 아버지 산소 좀 다녀와라
그래도 큰애 네가
아버지한테는 좋은 의자 아녔냐

이따가 침 맞고 와서는
참외밭에 지푸라기라도 깔고
호박에 똬리도 받쳐야겠다
그것들도 식군데 의자를 내줘야지

싸우지 말고 살아라
결혼하고 애 낳고 사는 게 별거냐
그늘 좋고 풍경 좋은데
의자 몇 개 내 놓는 거여

창가에 총총히 맺혀 구르는 빗방울. 그것도 하나하나 아름다운 자리임을 깨닫는다. 봄비도, 창문도, 그것을 바라보는 나도, 그 너머의 풍경도 모두 하나의 의자였다. 참 긴 세월을 누군가가 나에게 앉을 만한 자리, 몸의 자리, 마음의 자리를 내어주었구나. 새삼 세상이 나에게 얼마나 너그러웠는가를 느끼게 된다. 앞으로도 내가 누군가의 의자가 되어주는 일, 그것이 남은 삶이 되어야 하지 않을까. 언제 누구에게 앉을 만한 마음의 자리를 내어주었던가. 의자는 환대의 다른 이름이다. 나를 비우고 누군가를 앉히는 삶. 환대는 인류에게 가장 오래된 생존의 지혜였다. 하지만 이제 환대하는 일은, 의자를 내어주는 삶은 코끼리만 한 용기를 필요로 한다. 자연이 우리를 어떻게 환대했던가. 대접하면서 존재로 끌어주던 그 숱은 환대들을 떠올린다.

함께 가는 봄

강영환

멀리 가는 시외버스 뒷좌석에 낯선 사람끼리 나란히 앉아 서로 머리 기대고 잠에 들었다
얼마나 무겁고 먼 꿈에 빠졌을까
그들 사이 오가는 호흡과 맥박이 일치되어 어깨가 함께 오르내렸다
둘은 그런 줄 까맣게 몰랐다
몇 십리나 멀리 갔어도 서로를 알 수 없었다
편안한 얼굴로 버스 속도만큼 질주해가는 낯선 두 사람의 잠 깊은 동행
먼 행로에 함께 가는 봄이 진달래 짙은 색으로 졸았다

우리는 모두 길동무다. 무심 중 우리는 길 위에 함께 서 있는 존재인 것이다. 인간은 모두 태어나는 순간 죽음을 향한 질주를 시작한다. 그 여정이 결코 서럽지 않은 까닭은 동행이 있기 때문이다. 마주치고 스치는 무수한 인연으로 인해 우리의 영혼이 성장한다. 고맙게도 이 별은 언제나 어디서나 동행이 예비되어 있다. 무겁고 먼 꿈은 우리를 고단하게 하지만, 무심결 오가는 호흡과 맥박은 결국 같은 파장을 타고 우리를 엮어내고 있다. 그 행로에 계절이 함께 간다. 진달래 꽃빛으로 함께 졸며 삶의 틈을 메꾸어준다. 까맣게 모르는, 잊어버린, 그러나 서로 체온을 데워준 아름다운 동행이 얼마나 많을까. 봄빛 좋은 하루, 낡은 버스 뒷좌석에 앉아 한참을 졸며 덜컹덜컹 먼 길을 가볼 일이다. 텅, 텅, 낯선 사람과 어깨를 부딪치기도 하면서. 구름의 이마와 부딪치기도 하면서. 보이지 않는 데서 오돌토돌 일어나는 인연을 믿으면서.

나무

곽재구

인간인 내가
인간이 아닌 나무에게
음악을 들려주고 싶을 때
나무는 고요히 춤을 춘다

모르는 이들은
만행 중인 바람이
나무의 심연을 헤적인 거라 생각하지만
사실 나무는 제 앞에 선 인간에게
더덕꽃 향기 짙은 제 몸의 음악을
고요히 들려주고 싶은 것이다

나무는 춤을 출 때
잎사귀 하나하나
다른 춤의 스텝을 밟는다
인간인 당신이 나뭇잎 속으로 들어와 춤을 출 때
외로움을 느끼지 않도록
그러다가 홀연 당신 또한
온몸에 푸른 실핏줄이 퍼져나간 은빛 이파리가 된다

인간이 아닌 나무가
인간인 내게
시를 읽어주고 싶을 때
나무는 고요히 춤을 춘다

세월이 흘러 나무가 땅에 누우면
당신도 나란히 나무 곁에 누워
눈보라가 되거나
한 소쿠리 비비새 울음이 된다
먹기와집 마당을 뒤덮는 채송화 꽃밭이 된다

나비야 청산가자

나무의 고요한 춤을 배워보자. 그 너울거림 속에 끊임없는 나무의 전언이 있다. 모든 교감은 춤이다. 춤은 가장 순수한 언어이고 절실한 기도이다. 인간이 나무에게 음악을 들려주고 싶을 때도, 나무가 인간에게 시를 읽어주고 싶을 때도 잎사귀 하나하나 춤의 스텝을 밟는다. 서로 외로움을 느끼지 않도록 춤을 주어준다. 길 위 존재임을 서로에게서 배운다.

춤은 나무의 사랑이다. 누군가를 사랑하는 자는 춤을 출 수밖에 없다. 춤은 결과가 아니라 과정이라고 하지 않는가. 니체는 '나는 춤출 줄 아는 신만을 믿으리라' 고백했다. 자신의 몸을 긍정하는 자만이 춤을 출 수 있고 춤추는 자만이 대지를 진정으로 신뢰할 수 있다는 것이다. 모든 생명은 하나의 리듬이며 과정이다. 진부한 일상 속에서 내딛는 새로운 스텝, 이 순수한 과정을 기억하는가. 잃어버린 우리의 춤을 기억하는가. 내 안에 깊이 잠든 율동을 찾아, 오늘 다시 나무 밑으로 가라. 거기서 푸른 실핏줄을 가진 은빛 이파리가 되라. 모든 첫사랑을 길어내라.

유목민의 눈

김형술

평원의 사람들은 멀리 본다
거침없이 먼 지평선이 지척이다

구름의 속도
비상하는 매의 숨겨진 발톱
초원에 갓 핀 꽃잎 속 이슬 한 방울이
그들 눈 속에 있지만

그것은 시력이 아니다

발 닿는 곳 모두 길이자
머무는 곳 모두 집으로 가진
무심 무욕
선한 영혼의 힘

아무것에도 길들여지지 않는
바람을 낳아 방목하는
천진한 힘으로
천 리 밖 비를 헤아리고
만 리 밖 별을 읽는

아득히 푸른 저 유목민의 눈

몽골 초원을 여행한 적이 있다. 까마득한 지평선을 매일 지척으로 만나야 했다. 아득한 구릉을 모두 길로 또는 집으로 삼은 유목민의 삶은 그 자체로 광대한 물결이었다. 응무소주이생기심應無所住 而生其心. 모양이나 색깔, 냄새 등 그 어떤 것에도 사로잡히지 않으면서 마음을 내어야하는 금강경의 세계였다. 부지런히 최선으로 살되, 어떤 결과도 바라지 않는 삶은 바람을 낳는 힘이다. 바람을 향한 응시는 내가 어디 있는지, 어디로 가는 중인지를 깨닫게 한다. 눈앞 욕망을 좇는 근시안을 반성한다. 조바심과 초조를 버리고 더 큰 고독을 선택할 수는 없을까. 떠남과 머묾을 넘어서는.

달팽이집이 있는 골목

고영

내 귓속에는 막다른 골목이 있고,
사람 사는 세상에서 밀려난 작은 소리들이
따각따각 걸어 들어와
어둡고 찬 바닥에 몸을 누이는 슬픈 골목이 있고,

얼어터진 배추를 녹이기 위해
제 한 몸 기꺼이 태우는
새벽 농수산물시장의 장작불 소리가 있고,
리어카 바퀴를 붙들고 늘어지는
빌어먹을 첫눈의 신음소리가 있고,
좌판대 널빤지 위에서
푸른 수의를 꺼입은 고등어가 토해놓은
비릿한 파도소리가 있고,
갈라진 손가락 끝에
잔멸치 떼를 키우는 어머니의
짜디짠 한숨소리가 있고,
한 땀 한 땀 나를 꿰어내던
겨울비의 따가운 박음질소리가 있고,

내 귓속 막다른 골목에는
소리들을 보호해 주는 작고 아름다운
달팽이집이 있고,
아주 가끔
따뜻한 기도소리가 들어와 묵기도 하는
작지만 큰 세상이 있고

만물이 내는 음성들이 나를 눈뜨게 한다. 소리는 사람과 자연과 사물이 서로를 찾아가는 방식이다. 세상을 누비던 소리들이 내 귓가에 닿아 작은 집이 된다. 몸속의 골목이 된다. 귓속 달팽이집에 담기는 소리들은 짜디짜고 또 맵고 쓰기도 하다. 그러나 살아있기 때문에 나는 소리들이고 살기 위하여 내는 소리들이다. 크고 또 작다. 미세하고 우렁차다. 보이지 않지만 부지런히 돌아간다. 그것이 세상이다. 내 몸속에 있는 완벽한 세계에 조금만 더 귀기울여 보자. 조금만 더 마음을 열어두자. 기도하는 소리는 모든 고단함을 뚫고 참 따뜻하다. 노래하는 소리는 모든 절망을 밀고 단풍잎이 된다. 물결처럼 밀려오는 그 소리들은 바로 꿈이 내는 음성들이다. 나를 키워온 소리를 다시 발견하는 순간, 나는 아주 따뜻한, 아주 미세한 파도가 되고 싶어진다. 내 몸은 얼마나 아름다운 골목일까.

길 위에서

나희덕

길을 잃고 나서야 나는
누군가의 길을 잃게 했음을 깨달았다.
그리고 어떤 개미를 기억해내었다
눅눅한 벽지 위 개미의 길을
무심코 손가락으로 문질러버린 일이 있다.
돌아오던 개미는 지워진 길 앞에서 두리번거리다가
전혀 엉뚱한 길로 접어들었다
제 길 위에 놓아주려 했지만
그럴수록 개미는 발버둥치며 달아나버렸다.
길을 잃고 나서야 생각한다
사람들에게도
누군가 지나간 자리에 남는
냄새 같은 게 있다는 것을,
얼마나 많은 인연들의 길과 냄새를
흐려놓았던지, 나의 발길은
아직도 길 위에서 서성서리고 있다

길을 잃는 것은 중요하다. 길을 잃었을 때 비로소 자신도 보이고 주위도 보이기 때문이다. 먼 구름도 오래 바라보고 발등도 깊이 응시한다. 내가 어디쯤 있는지, 어떻게 왔는지 생각하게 되는 것이다. 좋아하는 아프리카 속담이 있다. '어디로 가야할지를 모르겠거든, 어디서 왔는가를 생각하라'. 이 속담은 내게 늘 작은 등불이다. 주변이 복잡하거나 관계가 헝클어졌을 때 내가 어디서 어떻게 왔는가를 기억하려고 노력하게 된다. 내가 온 길은 결국 누군가의 도움으로 왔고, 누군가를 아프게 하면서 온 길. 지금의 내 위치는 인연의 힘이 만들어준 것이다. 그러면서 나도 모르게 내가 아프게 한 사람들을 기억해내는 것, 앞과 뒤 그리고 옆을 바라보며 자기를 성찰하는 것. 이것이 우리가 가끔씩 길을 잃어야 할 이유이다. 위험에 처했을 때 그 사람의 진실이 드러난다. 길을 잃고 나면 정말 길이 많다는 것도 알게 된다. 가끔씩은 위험에 처하고 가끔씩은 눈물짓고 가끔씩을 길을 잃어야, 우리는 배려와 환대를 배우는 게 아닐까. 그때 우리는 서로를 넉넉히 그리워할 수 있으리라.

정구지꽃

정일근

　서울 사람은 부추, 충청도 사람은 솔, 제주도 사람은 쉐우리, 경상도 사람은 소풀이라 하고 전구지라고 하는데
　은현리 사시는 어머니는 정구지라 부른다
　정월에서 구월까지 먹을 수 있어 고맙다고 정구지라 하신다
　그렇게 정월에서 구월까지 제 푸른 몸 다 내어주고 가을에 꽃 피는데, 정구지꽃 피는데
　허리 굽혀 땅에 절하지 않고 흙손으로 땅과 악수하지 않은 사람은 보지 못하는 정구지꽃, 봐도 알지 못하는 정구지꽃
　정구지 하얀 꽃이 어머니의 정구지밭에 가득 피었다
　칠순 어머니 아픈 자식에게 검은 머리 다 주시고 흰 머리 되셨듯이
　주고 또 주고, 주고 또 주고 난 그 빈 대궁에 하얀 별처럼 피는 정구지꽃 피었다
　어머니 한밭 가득 피었다

먼 별을 닮은 흰 정구지꽃. 검은 머리 한 올 한 올 다 내주신 어머니. 그 은유에 담긴 숭고한 희임과 침묵을 본다. 정구지 잘라내듯 또 주고 또 주어도 사랑은 한 치 낭비가 없는 법. 어머니는 한밭 가득 피어 지구를 환하게 밝힌다. 정구지꽃 어머니와 마주치는 눈빛이야말로 절실한 탄생의 순간이리라. 모성성을 통해 누구나 제 본성과 가치를 회복하고 몸이 따뜻해진다. 모성은 영성에 닿아 있다. 생명을 잉태하고 길러내는 일은 큰 강을 건너는 일이고 큰 산을 넘는 일이다. 엄청난 인고와 깨달음의 비탈이다. 모든 자연은 모성의 창窓이려니. 이제 조심조심,무릎 굽혀 정구지꽃을 찾으시라. 정구지 푸른 비린내에서 흰 어머니를 만나시라.

사라지는 사람들을 생각하며

김종해

누구에게나 바람이 불고 비오는 날이 있다
젖을대로 젖어서
슬픔을 슬픔이라 말할 수 없는 날이 있다
아픔을 아픔이라 말할 수 없는 날이 있다
세상에 보이는 것 모두,
움직이는 것 모두가 그대의 것이 아닌 날

오오, 그대여 기억하라
몸을 태우고 한 줄기 연기만 남긴 사람들을 생각하라
오늘 그대 뺨에 흐르는 눈물만이
재가 되지 않는 사리,
그대가 쥐고 있는 한줌 보석이다

살면서 가장 힘든 건 사라지는 일을 이해하는 게 아닐까. 흔적도 자취도 없어진다는 것. 그 고독과 공포를 잘 만든 방석처럼 깔고 앉아야 한다는 것. 아프다 허나 존재를 가장 극명하게 밝히는 것이 사라짐이다. 한 존재의 약력에서 가장 선명한 건 태어남이 아니라 사라짐이다. 그래서 티벳에서는 생일을 기념하기보다 죽는날에 대한 지혜와 명상을 더 귀하게 여긴다. 지상은 사랑할 시간이 정해진 간이역이다. 아무리 아쉬워도 우린 사라진 존재와 사라진 사랑을 매 순간 확인해야 한다. 천천히 한 줄기 연기로 흘러가는 저 숙명들. 하여 눈물은 가장 빛나는 실존이며, 목숨을 데워내는 원천이리라. 이 땅의 지혜란 서로에게서 배우는 연민이 전부일지 모른다. 그리워서 서럽고, 서러워 목젖 뜨거울수록 우리는 신의 영역을 그저 기억해낼 수밖에 없는지 모르겠다. 어떤 의지적 인간도 선택할 수 없는 세계가 있는 것이다. 어진 혼, 의로운 혼들이 돌아오는 길목. 오늘 우리는 어떤 안부를 나눌 수 있을까. 진정한 눈물의 보석을 건넬 수 있을까.

나는 네가 더 아프다

김상미

온몸에 구름 끼고 비 내리고 바람 부는 날은
수많은 창문들도 함께 울고, 흔들리다, 깨어진다.
그런 날은 사람과 사람 사이의 균열 또한 골이 깊어
아무리 꽃다웠던 순간들도 모두 불명예가 되어 찢어진다.
온 세상 자욱한 저 검은 연기들을 보라.
책상과 창문 사이를 왔다갔다하며 우리가 내뱉은 문장들이
천국과 지옥 사이를 왔다 갔다 하며 대지를 더럽히고 있다.
그런데도 하늘은 백 년 전과 똑같이 파랗고,
사랑에 빠진 나는 새 종이 위에다 글을 쓴다.
한 사람 때문에 내부가 점점 팽창하는 게 사랑이라면
이미 나는 사랑을 맛보았다.
커다란 스포츠 백에 책만 가득 넣고 다니는 사람.
창가에 와 우짖는 작은 새도 그를 희망이라 부르고 떠나는데
본성이 물고기인 나는 숨쉬기 위해 더 깊은 바다로 자맥질해 들어간다.
내 몸에 흐르는 깊은 물줄기.
이름 서로 다른 대양들이 만나 아름다운 해협을 만들고 있다.
계속해서 너는 흰 조약돌을 내게 던져라. 이는 모두 백년 후의 일.
눈뜨고 눈감고 다시 눈뜨는
나는 네가 더 아프다

그래, 모든 것은 백 년 후의 일이 될 것이다. 눈뜨고 눈감고 다시 눈뜨는 일상이 그래서 아프고, 그래서 견딜만하다. 아무도 몰래 고통스러운 것들, 아무도 몰래 고독한 것들은 백 년 후에 피어날 꽃잎들이다. 그래서 우리는 충분히 아프다. 아플 수 있다. 아파야 한다. 그 꽃잎이 아름다울 거라고 믿고 싶지만 그러지 않을 수도 있다. 목숨이란 그저 절실하고 뜨거운 아픔 자체이며, 백 년 후에도 이 사실은 변하지 않을 것이므로. 이 지독한 아픔은 지극한 연민과 통한다. 이 연민만이 하늘과 땅을, 개인과 공동체를 관계짓는 밧줄인 것이다.

아픔을 감지해내는 힘만이 존재를 존재하게 한다. '내가 아픈' 게 아니라 '네가 더 아픈' 일상을 감지할 때 우리는 이를 '희망'이라고 부를 수 있지 않을까. 모두 생명에 예민해야 할 이유들이다. 지장보살은 자비의 서원을 세우면서 궁극적인 이상인 성불을 포기한다. 지옥의 중생들 모두 성불하기 전에는 자신도 결코 성불하지 않을 것을 맹세한 것이다. 지장보살에게는 벌을 받게 버려두어야 할 중생이 하나도 없다. 아픔 자체에 그대로 감응하는 것이다. 지장보살의 장藏은 비밀, 포용, 함육含育의 뜻을 가지고 있다. 지장地藏의 어원은 산스크리트어 'Kisitigarbha'인데 이는 '대지의 태胎' 또는 '자궁'이란 뜻이다. 연민이란 '네 아픔'을 비밀과 함육의 세계로 품어내는 근원의 힘을 말한다. 당연, 이는 무한 사랑을 바탕으로 한 깊은 선정의 세계일 수밖에 없다.

현대인은 자기 아픔에 몰입해 있다. 자기 소외와 자기 분노, 자기 절망에 갇혔다. 하지만 우리가 생명에 예민해야 할 이유는 내 자아를 위해서가 아니라 타자의 아픔을 느끼기 위해서이다. 더 아프기 위해, 더 '네 아픔'을 예민하게 감응하기 위해 내가 할 수 있는 건 아래로 아래로 침잠하는 일이다. 결국 연민은 수행의 가장 깊은 골짜기에서 피어나는 개별꽃 같은 것. 내 아픔은 깊은 심해 속에서 너를 위해 눈을 뜨는 과정인 것이다. 백 년 후를 바라보며 말이다.

강

주용일

돌을 던져보면 안다, 강물의 깊이
켜켜이 쌓인 강바닥의 뜨거운 울림이
물 표면 빠져나와 가슴으로 쏜살같이 달려오며
오래도록 우리 몸을 물 동그라미로 전율케 함을,
돌은 물살에 미끄러지며 반짝 튀어 오르다
제 무게로 흔들리며 강바닥 닿아
무겁게 퇴적된 세월을 낮은 소리로 퍼 올리다
한 번도 수면 위로 솟아오르지 못했던
층층의 시간들이 웅얼웅얼 떠오른다
풍덩하며 울리는 낯선 시간의 파장,
강은 세월이 남긴 흔적들을
낱낱이 품어
그 소리를 바닥 깊숙이 숨기고 있다
누군가 아프게 돌 던져주지 않으면
질긴 시간과 시간의 사슬 매듭 풀어
제 가슴의 소리 들려줄 수 없다
던져진 돌의 상처 기쁘게 보듬으며
강은 돌과 함께 신생의 세월을 받아들여
천천히 제 가슴 한켠에 쌓아간다

가슴은 강이다. 그 깊이는 표면에서는 도무지 잴 수 없다. 그 강의 깊이는 상처를 받았을 때 비로소 감지된다. 돌이 날아올 때 아름다운 파문을 퍼올리는 강물처럼. 그 돌을 가슴 밑바닥으로 품는 강물처럼. 평안해보이는 강물은 누군가 돌을 던져주지 않으면 제 가슴의 소리를 들려줄 수 없다. 인생도 그러하다. 누군가가 돌을 던질 때 비로소 가슴의 깊이를 뜨거운 울림으로 끌어올릴 수 있다. 그것이 아무리 아픈 상처일지라도.

　바깥에서 날아온 힘은 강물 속의 퇴적된 지층을 퍼올린다. 강은 그것을 신생으로 받아들인다. 누구든지 강물처럼 시간의 흔적을 바닥 깊숙이 묻어놓고 있다. 외부의 힘은 낯설다. 그것은 고통처럼 다가오지만 그때 우리는 깊은 데서 울려나오는 생명의 소리, 존재의 파동이 된다. 그때 우리는 실존한다. 내가 누구인지, 내가 어떤 깊이와 무늬를 갖고 있는 드러내는 것이다. 하여 어떤 돌도, 어떤 괴로움도 뜨거운 가슴으로 받자. 우리 안에 적층된 삶은 무엇이든 충분하다. 그리고 강물처럼 모든 순간을 신생으로 밀어올리자. 그때마다 우리는 깨어나는 것이다. 단풍 속에서도 강물의 깊이가 울려나는 하루.

낮달

유지소

나는
거기 있었다 네 머리 위에
거기 있었다 네가 떠나간 후에도

거기가 거기인 줄도 모르고
거기 있었다

물이 흐르면서 마르는 동안
바퀴가 구르면서 닳는 동안

지구가 돌면서
너의 얼굴을 바꾸는 동안

그동안
거기 있었다
나는

거기라는 말보다도 한참 먼 거기에

거기. 거기는 무한한 시간이다. 살아있게 하고 살아가게 하는 근원적인 상상력으로 가득한 시간이다. 그 시간은 늘 술래 같다. 아득히 잊혀진 듯한, 그러나 끊임없이 회귀하면서 쫑긋쫑긋 일상에 귀를 내미는 다팔머리들. 그 고개들이 갸웃이 돌아보는 자리, 거기 아직 물발자국처럼 젖은 사랑이 우리를 보고 있다. 거기, 달개비로 꽃밥을 짓던 자리, 탱자나무 흰 꽃들이 별자리를 놓던 그늘, 하얀 운동화를 말리던 장독대, 낡은 만년필이 구르던 서랍, 감꽃목걸이를 걸고 팔랑거리던 동무, 늘 나만 기다리는 것 같던 빨간 우체통. 그 무수한 거기들이 시간을 입고 아직 나를 보고 있다. 보이지 않는 약속, 보이지 않는 응시들, 보이지 않는 슬픔들이 나를 받치고 있다. 물이 흐르면서 마르듯, 마르면서 흘러오고 있다. 결국 내가 돌아갈, 내게 돌아오는 그 영원을 기억한다면 이 극단의 시대를 견딜 수 있을까. 나보다 더 아픈 사람을 찾아갈 수 있을까. 나를 지켜보는 나를, 응시하는 그 눈동자의 자리. 거기에 낮달이 산다.

밤의 위장

이르마 피네다

나는 밤의 위장 속에서 전진하고
찾아 헤맨다.
천 년을 짊어진 현명한 거북이를.

대지를 먹는,
세월을 한껏 들이마시는,
향수를 치유하는 거북이를 찾아.
고통스럽기 짝이 없는 영혼을 회복시키려고,
어둠이 내게 쏟아내는 눈물을 마시려고,
내 이 슬픔더러 햇볕을 쬐라고.

나는 거북이를 찾는다.
날카로운 이빨을,
철갑의 보금자리를,
분노와 서두름 따위와는 무관한 걸음걸이를,
대지 위의 빛 자국을 내게 선물할 거북이를.

정말 외로울 때면 도서관에 가서 고대지도를 들여다보곤 한다. 고대문자와 고대부호 사이에서 얼룩진, 구불구불한 선을 따라 읽으면 마치 익숙한 듯 마음이 잔잔해진다. 늘 그리워해온 장소처럼 유심히 들여다본다. 그곳에 자라고 있는 오래된 전설을 잘 아는 것처럼 자세히 들여다본다. 반가사유가 따로 없다.

그 희미한 선들 사이에서 나는 전쟁을 했을 테고, 노예로 살기도 했을 테고, 누군가를 열심히 사랑하고, 또 망각했을 것이다. 고대지도 속에 살고 있는 바랠대로 바랜 그리움과 축 늘어진 슬픔들과 느릿느릿 기어가는 햇빛들. 그 지도에 부는 바람과 바람 사이로 점선과 실선이 이어지고 있다. 어쩌면 '지금 여기'는 내 영혼이 그 지도를 따라 걸어 닿은 곳인지도 모르겠다. 나도 가느다란, 흐린 점선으로 누군가가 들여다볼 지도를 그리고 있는 중인지도.

여미다

절

이홍섭

일평생 농사만 지으시다 돌아가신
작은 할아버지께서는
세상에서 가장 절을 잘 하셨다.

제삿날이 다가오면
나는 무엇보다 작은 할아버지께서 절하시는 모습이
기다려지곤 했는데

그 작은 몸을 다소곳하게 오그리고
온몸에 빈틈없이 정성을 다하는 자세란
천하의 귀신들도 감동하지 않고는 못배길 모습이라

세상사 내 뜻대로 되지 않을 때
가만히 그 모습을 떠올리며
두 손을 가지런히 하고, 발끝을 모아보지만

스스로 생각해 보아도
모자라도 한참은 모자란 자세라
제 풀에 꺾여 부끄러워하기도 하지만

먼 훗날 내 자식이 또한 영글어
제삿날 내 절하는 모습을 뒤에서 훔쳐볼 때
그 모습 그대로 그리워지길

그리워져서

천하의 귀신들도 감동하지 않고는 못배길 모습이라
생각해 주길 내처 기대하며
나는 또 두 손을 가지런히 하고
가만히 발끝을 모아보는 것이다.

그대 사랑

'극진' '지극', 바로 이 시대가 잃어버린 단어들이다. 절을 한다는 것, 그것은 최대한 몸과 마음을 낮추는 오롯한 자세이다. 경외와 경이로 우리를 비우는 순간인 것이다. 따로 공부한 것 없는, 평생 농사만 지은 작은 할아버지가 삶에서 익힌 것은 경외였다. '지성이면 감천'이라는 순정한 믿음을 배운 것이다. 우리 조상들은 천하의 귀신이 감동하지 않고는 못 배길 그런 지극함을 늘 염두에 두고 살았다. 정말 우리는 다음 세대에게 그런 절하는 모습을 보여줄 수 있을 것인가. 지금 어린아이들은 훗날 우리의 절하는 모습을 그리워할 것인가. 하여 그들이 다음 다음 세대에게 그 아름다운 절을 전달해줄 수 있을 것인가. 빈틈없는 정성이란 어떤 것일까. 갈수록 불신과 폭력으로 고통스러운데 우리는 자연 앞에, 사람 앞에 작은 몸을 다소곳 오그릴 수는 없을까. 왜 우리의 목과 무릎은 이리도 뻣뻣해졌을까. 왜 우리는 귀신은커녕 아이들조차 감동시키지 못하는 걸까. 폭력으로 얼룩지고 있는 학교를 바라보면서 어떤 전쟁보다도 두렵고 캄캄하다. 정말 두 손을 가지런히 하고 발끝을 모으며 아이들 앞에 엎드리고 싶다. 삶이 얼마나 극진한 것인지 보여주고 싶다. 외롭고 아득한 시대일수록 '절'이 절실하고 절실하다.

새 떼

— 2006년 1월 10일 저녁 5시

문인수

그래, 와, 되새 떼다.
무수히 돌 친, 성한 데라곤 없이 구멍 난
헌 보자기 한 장 펴 던진 것 같다.

뭐라 뭐라 하는가, 날개를 얻었으므로
지닌 것 없이 오가는 것들이 참 난 데 없이 소란, 소란소란
하다

저녁 하늘 고개 아프도록 올려다보니
저 구구한 소리가 단 한 마디일 뿐이다.
그래, "싸갈 게 없다."

세계는 시간과 공간이다. 그 속에서 인간은 행위한다. 이 행위는 순간과 영원의 문제를 낳는다. 동시에 무엇을 아름답다고 할 것인가, 하는 막대한 고뇌를 우리에게 남긴다. 저녁 다섯 시는 일몰과 서쪽을 상징한다. 하루라는 징검돌을 딛고 無化의 의지가 되돌아오는 시간. 종종걸음치던 발길을 문득 멈추게 된다. 그림자마다 노을빛 번진다. 죽음이라는 지혜를 체득하는 짧은 순간, 잠시 기억해내는 서방정토. 욕망을 따라 진화해온 인류는 영장이라고 스스로 착각하지만, 사실 생이란 집착과 번뇌로 여기저기 찢긴 구멍 숭숭한 보자기 한 장일 뿐이다. 그것이 우리가 내세우는 역사고 지혜고 예술인 것을.

하늘은 행위로 술렁인다. 헌 보자기 같은 자유의지로 그 무한한 하늘을 싸려는 행위가 삶이다. 삶은 무수한 행위 자체이며, 이 행위들은 늘 어떤 결과를 낳는다. 시간과 공간을 존재양식으로 하는 결과는 슬픔이든 기쁨이든 그물이 되어 우리를 가둔다. 그 무수한 퍼덕임과 소란스러움. 허공을 바람처럼 메운 되새 떼의 수다는 '싸갈 게 없음'이다. 우주 전체가 단지 한 마디일 뿐, 전쟁이나 가난이나 연민이나 침묵까지도 모두 이 한 마디일 뿐이다.

아름다운 무위, 헌 보자기 같은 무위를 이해한다면 초월과 체념의 경계를 지울 수 있을까. 그래도 고개가 아프도록 올려다보아야 할 하늘. 우리는 무언가를 싸기 위해서, 끊임없이 날고, 펼친다. 허공을 한껏 들었다 놓곤 한다. 겨울 하늘을 덮은 구멍투성이 헌 보자기, 그게 우리가 가진 전부이면서 말이다. 무위는 행위로부터 자유로운 것이지만, 무행위로 무위를 얻는 것이 아니라는 옛 지혜를 기억할 밖에. 겨울하늘과 되새 떼 자욱한 저녁, 幻의 세계를 넘어가는 순수무구한 무상평등심을 배운다.

그래서 오늘 우리가 펼치고 있는 저 무수한 보자기들! 아프고 아름답다. 허공은 세상 밖이 아니라 세상 안일 뿐인 것을.

사랑의 병법

정끝별

네가 나를 베려는 순간 내가 너를 베는 그 궁극의 타이밍을 일격—擊이라 하고
나무의 뿌리가 같고 가지 잎새가 하나로 꿰는 이치를 일관—貫이라 한다

한 점 두려움 없이 손님처럼 나를 주고 너를 받는 기미가 일격이고
흙 없이 뿌리 없듯 뿌리 없이 가지 잎새 없듯 너 없이 나 없는 빌미가 일관이라면

너를 관觀하여 미지의 틈을 일으켜 너를 통通하는 한 가락이 일격이고
나를 관觀하여 쉼 없는 지극함으로 나를 통通하는 한 마음이 일관이다

일격이 일순의 일이고 일관은 일생의 일이다
일관이 일격을 꽃피울 때
일 푼 숨이 멎고 일 푼 바람이 부푼다
무인이 그렇고 달인이 그렇다
전설 속 설인이 그렇고 애인이 그렇다

일생을 건 일순의 급소
너를 통과하는 외마디를 들은 것도 같다
단숨에 내리친 단 한 번의 사랑

나를 읽어버린 첫 포옹이 지나간 것도 같다
너를 베낀 긴 침묵을 읽은 것도 같다
굳이 시의 병법이라고도 말하지 않겠다
내가 시인인 까닭이다

꿈엔들 잊힐리야

사랑한다는 것은 무엇일까. 일상에서 만나는 일격의 순간들은 시간과 공간을 꿰뚫어나오는 일관에서 비롯한다. 그 순간에 삶은 번득인다. 일순 그 사랑, 그 사람을 발견한다는 것은 일생에 걸친 일관의 정신이 작동한다. 강호를 떠도는 무림고수의 단 한 칼의 번득임엔 자기 목숨을 거는 실력이 있다. 일격은 비장秘藏의 세계에서 나오는 것이다. 숨어서 갈고 닦은 긴 수행의 세월이 없으면 일격의 승부는 존재하지 않는다.

사랑도 시도 마찬가지다. 누군가를 그리워하는 일조차 지독한 고독과 인내가 필요한 것이다. 삶의 한 틈을 직시하는 시인의 눈빛도 마찬가지리라. 그러고 보면 실제적으로 시도 문인의 삶이 아니라 무인의 삶인 게 분명한 것을. 하지만 지금은 일격도, 일관도 잃어버린 시대이다. 끊임없는 변절과 변명이 구차하고 비루한 생존을 만든다. 그래서 우울하다. 자살한 슬픔만큼이나 차라리 자살하지 못하는 슬픔이 진하다.

그래도, 그래도 말이다. 어디선가 떨어지고 있을 꽃잎 같은 일격을 믿는다. 그 향기를 믿는다. 그 일격 속에 신산한 일상을 고독으로 일관해본 나무 등걸 같은 몸뚱아리가 있을 것이기에. 우리를 통과하는 외마디를 기다린다. 또 기다리고 다시 기다린다. 진정한 번뜩임은 얼마나 큰 고요 속에서 일어나는 걸까. '언제', '누구를', '어떻게'를 다 뛰어넘는 어떤 절실함과 기다림. 그것이 사랑의 모든 까닭이다.

서녘

김남조

사람아
아무려면 어때

땅 위에 그림자 눕듯이
그림자 위에 바람 엎디듯이
바람 위에 검은 강
밤이면 어때

안 보이면 어때
바다 밑 더 파이고
물이 한참 불어난들
하늘 위 그 하늘에,
기러기떼 끼럭끼럭 날아가거나
혹여는 날아옴이
안 보이면 어때

이별이면 어때
해와 달이 따로 가면 어때
못 만나면 어때
한 가지 서녘으로

서녘으로
잠기는 걸

얼마나 많은 절망과 견딤이 우리를 에워싸고 있는가. 또 얼마나 많은 희망과 환희가 스쳐가는가. 겨울나무를 본다. 나무는 어느 계절이고 우리에게 스승이 된다. 가만히 보면 잎새를 떨군 빈 가지들만이 아니라, 우리가 마주치는 그 모든 존재가 다 스승이다. 모든 풍경이 새로운 지혜이고 고마운 인연이다. 서녘은 지혜의 상징이다. 일몰 앞에서 우리는 스스로를 돌아볼 수밖에 없다. 과연 우리는 어디로 가는가. 서쪽은 예부터 서방정토, 곧 결국 우리가 돌아가야 할 영원의 고향 같은 것. 그러나 그런 서방정토도 곧 우리 마음에 있는 세계임을 자연은 가르친다. 서에서 동으로 나오고 동에서 서로 돌아가는 것이니 동과 서가 따로 있는 것이 아니라 다 마음의 일인 것이다. 우리는 태어나는 순간부터 서쪽을 향해 달려가는 중이다. 보이지 않는 것들이 참 많다. 보이는 것도 보이지 않는 것도 결국 이별해야 한다. 그러하기에 이 지상은 사랑하고 또 헤어지는 연습을 하는 서쪽정거장이다. 전혀 다른 모습도 그저 애틋하다. 아무러면 어떨까. 결국 내가 그를 사랑하고 있음인데.

희망

강은교

희망이 팔을 쭈욱 내밀고 있어.

희망의 눈초리는 낙타처럼 길군.
희망의 입술은 꽃살처럼 부드러워
희망의 어깨는 분홍색이군.

그럼 이제 희망의 손을 붙잡게
그럼 이제 주머니 깊숙이 희망을 넣게

아,
달큼쌉살한 희망의 혀

팔을 쭈욱 뻗는다는 것, 그것을 삶을 빋는 일이다. 희망은 체온과 빛깔, 낙타처럼 긴 속눈썹을 가지고 있다. 아주 구체적인 몸으로 희망은 뚜렷한 실체와 접촉한다. 하지만 우린 희망을 관념적인 미래로 품고 있는 건 아닐까. 그 때문에 희망은 위험하고 우리를 쉽게 피로하게 한다. 희망은 내일이 아니라, '달콤쌉살한' 지금, 모든 미세 감관을 통해 존재한다. 그렇다면 만질 수 있는 살붙이들 모두 내 희망이리라. 이 순간 마주한 사람, 당면한 상황이 바로 희망의 더듬이다. 삶의 감동은 그 촉각과 시각 그리고 미각에 있다. 신이 예수로 육화되듯 희망은 아주 소박하고 다정한 모습으로 내 가까이에 살고 있다. 감수성이 있다면 더 쉽게 이해할 수 있다. 희망이 무엇인지, 누구인지. 지금 가장 가까이 있는 한 사람, 한 그루 나무를 일러 이렇게 이름 불러줌이 어떨까. "나의 희망아."

푸른 호랑이

이경림

설렁탕과 곰탕 사이에는 푸른 호랑이 한 마리가 산다
어떤 생의 무릎과 혓바닥 사이에는
어떤 생의 머리뼈와 어떤 생의 허벅지 살 사이에는
형언할 수 없이 슬픈 눈과 사나운 관능을 가진
푸른 호랑이 한 마리가 산다

저 높은 굴뚝을 천천히 빠져 나가는 푸른 연기와
사라지는 뼈
사라지는 살들 사이에는

낡은 의자에 앉아 곰탕을 먹는 노신사와
그 앞에서 설렁탕을 먹는 시든 다알리아 같은 아내 사이에는

그것들의 배경인 더러운 유리창과
산발을 하고 흔들리는 수양버들 사이에는
날개를 빳빳이 펴고 태양 속으로 질주하는 새
반원을 그리며 느리게 불려가는 바람 사이에는, 그래!

미친 듯 포효하는
푸른 호랑이 한 마리가 산다.

'사이'란 얼마나 무서운 공간인가. 그곳에 푸른 호랑이가 사는 것이다. 슬픈 눈과 사나운 관능을 가진 한 마리의 원시. 모든 생명의 틈에, 시간의 틈에, 밥상의 틈에, 삶과 죽음의 틈에, 사물의 틈에, 풍경의 틈에서 포효하는 한 마리 호랑이를 우린 너무 오래 잊고 있었다. 촘촘한 모든 사이사이에 마치 절실한 영혼처럼, 깨끗한 슬픔처럼, 오래된 신화처럼 으르렁거리는 뜨거운 눈빛, 그 예리한 원시를 피하지 말자. 전설처럼 구전되어온, 그러나 일상의 가장 허술한 모퉁이에 까지 와서 앉아있는 그 눈빛, 그 약속, 그 두려움. 우리가 아무리 죽여도 죽지 않는, 저 푸른 심장, 저 푸른 심연, 저 푸른 명왕성. 그 절규를 이제 마주 직시하자. 마주 끌어안자. 날카로운 수염이 어떻게 떨리고 있는지를 기억하자. 저 호랑이는 바로 나였으니, 너였으니, 그리고 우주였으니. 하여 우리가 견디고 있으니. 아니, 우리를 버텨주고 있으니. 마지막까지 두 눈 부릅뜬 채.

겨울, 여름 나무 아래서

이강산

이 나무 아래, 여기가 맞다
그 여름을 만난 곳

나는 그때 여름이 감추어둔 겨울을 못 보았다

물끄러미, 세 사람이 나무 밑을 지나 카메라 속으로 들어간다
이제 곧 유리창이 열려있는 시내버스를 향해
찰칵, 찰칵 걸어갈 것이다
나무도 뒤따라갈지 모른다
버스를 놓치면 사람들처럼 그 여름에 닿지 못할 것이므로

이 나무 아래, 여기가 맞다
아이 셋 혼자 키우는 여자를 찍은 곳

나는 그때 여자가 감추어둔 아이들의 겨울을 못 보았다

여름이 그랬듯 여자는 내게 겨울을 감추었지만
카메라는 보았을 것이다, 생각하니 이 겨울이 그 겨울 같다
시내버스는 여름부터 유리창을 열어두었는지 모른다
여자의 겨울이 못내 궁금해 나처럼 가슴 한 겹을 뚫어놓았을 것이므로

여기가 맞다, 이 나무 아래
나 모르게 겨울을 향해 내가 떠난 곳

나는 그때 겨울이 되어서야 여름 나무를 올려다보는 나를 미처 못 보았다

꽃이 피고 꽃이 진다. 바람이 불고 구름이 오고 빗방울이 떨어진다. 사람이 그립고 또 아프기도 하다. 풍경은 현상에 불과할지 모르지만, 아니다. 모든 풍경은 미세한 진동으로 떨리는 중이다. 풍경의 그늘에는 무수히 적층된 시간의 물결들이 자연의 질서를 이루고 있다. 하여 우리 감성은 쉽게 길들여지고 있는 것 같아도, 끝끝내 길들여지지 않고, 현상 뒤의 세계를 감지하여, 말하는 예언이 되고자 한다. 그것이 불현듯 우리가 뒤를 돌아보는 이유이다.

삶은 얼마나 무수한 겹으로 되어 있을까. 아니 삶은 무한 순환 숨바꼭질로 운행된다. 늘 술래일 수밖에 없는. 여름나무는 겨울을 감추고 있었고, 그 여름에 우린 이미 겨울을 향해 출발했다. 감춘다는 의미는 우리가 내면의 눈동자로 스스로 찾아 읽어내라는 말이리라. 그리고 그것은 카이로스적인, 무한의 시간을 길어올리는 일이다. 시간을 통찰해내는 힘은 관계를 깨닫게 한다. 타자를 이해하게 한다. '여자가 감추어둔 아이들의 겨울' 같은 슬픔을 동감하게 하는 것이다.

나무 한 그루 아래 머물면 우리는 자신만의, 동시에 다른 사람의 존재를 충분히 더듬을 수 있다. 누군가의 감춰둔 겨울처럼, 마찬가지로 누군가의 봄과 여름을 읽어낼 수 있으리라. 모든 사물은 생명을 비추는 거울이다. 서로가 서로에게 근원임을 감응해내는 순간을 우리는 사랑이라고 부른다. 응시하는 힘도 경청하는 힘도 그렇게 감추어둔 세계를 감지해내는 능력인 것이다.

물을 여미다

박남희

그녀는 나에게 사랑을 보여 달라고 말했다
그래서 나는 물을 보여주었다

물은 예측할 수 없는 사랑의 지도이다
나는 종종 물로 사랑을 그린다
물은 디오니소스의 불온한 상상력이다
N극과 S극의 팽팽한 긴장이다
그래서 물로 그린 사랑은 늘 출렁인다
물이 테두리를 얻어 형태를 이루는 일은
물을 가두는 것이 아니라 그 안에 빛을 담는 것이다

그녀는 내게 빛이다 물이다
어떤 때는 눈부시게 반짝이다가
어떤 때는 사정없이 출렁인다
물은 흐를 때보다
고여서 출렁일 때가 신비롭다

고인다는 것은 생각이 깊어진다는 것이고
생각이 깊어진다는 것은 물이 스스로를 여미는 일이다
여미는 것은 물이 물을 가두어 두는 것이 아니라
한쪽으로 생각을 모으는 것이다

봄 나무에 꽃이 피는 것도
나무가 제 안의 물을 여미었기 때문이다
물은 흐르기 위해 있지만

여미는 곳에서 물은 깊다

누군가 물에 돌을 던져도
물은 아파하지 않고
제 마음 깊은 곳을 열어 선뜻 꽃을 피운다

사랑은 물을 여미어 꽃을 피우는 일이다

높고 맑게

여민다는 것, 어쩐지 낯설다. 마음을 여미고 옷깃을 여미는 일에는 조심스럽고 정성스러운 생각이 담긴다. 생각을 한쪽으로 모아 깊어지는 일, 그것이 사랑이라지만, 어찌 사랑뿐이겠는가. 일상에 출렁이는 아픔과 슬픔도 결국 무릎을 겸허하게 내려놓으라는 숨은 당부일 것이다. 그것이 삶을 여미는 것이다. 삶을 여밀 때 우리는 타자를 배려할 수 있다. 생각을 여밀 때 우리는 우주를 응시할 수 있다. 행동을 바로잡아 단정하게 할 때 우리는 모든 아픔을 엮고 있는 인드라망이 환하게 펼쳐진다. 오슬오슬하니 깊어가는 시간의 그물코에 이슬이 맺힌다. 함부로 펄럭이던 것들을 반성해야 할 것 같다. 잎새들이 마음을 여민다. 봄여름가을겨울 바람이 스칠 때마다 제 가슴깃을 여미는 나무들, 그 다소곳한 겸허를 떠올린다. 세상만물이 스스로 여미는 저 고요들. 귀가 환해진다.

본전 생각

최영철

파장 무렵 집 근처 노점에서 산 호박잎
스무 장에 오백 원이다
호박씨야 값을 따질 수 없다지만
호박씨를 키운 흙의 노고는 적게 잡아 오백 원
해와 비와 바람의 노고도 적게 잡아 각각 오백 원
호박잎을 거둔 농부의 노고야 값을 따질 수 없다지만
호박잎을 실어 나른 트럭의 노고도 적게 잡아 오백 원
그것을 파느라 저녁도 굶고 있는
노점 할머니의 노고도 적게 잡아 오백 원
그것을 씻고 다듬어 밥상에 올린 아내의
노고는 값을 따질 수 없다지만
호박잎을 사들고 온 나의 노고도 오백 원

그것을 입 안에 다 넣으려고
호박쌈을 먹는 내 입이
찢어질 듯 벌어졌다

내가 먹어온 것들이 그렇게 완벽한 세계였던가. 높은 언덕을 넘어온 것들, 깊은 강물을 건너온 저 고단한 꿈들. 자연도 사람도 그렇게 한 발짝씩 나를 향해 다가왔더란 말인가. 호박잎과 아름다운 '오백 원'들과 나는 이 광대한 우주에 어떤 고리로 연결되었던가. 억울할 때마다 우리는 본전 생각을 한다. 이왕이면 제대로, 진정한, 본전을, 사유할, 일. '지금, 여기'가 본전 뽑고도 남는 자리이다. 값으로 따질 수 없는 것이 너무 많다. 증명할 필요가 없다. 빈손을 본다. 빈손의 본전은 빈손, 삶의 본전은 삶, 길의 본전은 길. 그래, 우리는 너무 이문이 많은 장사를 하고 있다. 저녁 밥상 하나로도 '지금, 여기'는 충분히 넘치는 것을. 괴로울 만큼 충분하다.

법성암

공광규

늙은 어머니를 따라 늙어가는 나도
잘 익은 수박 한 통 들고
법성암 부처님께 절하러 갔다.
납작 납작 절하는 어머니 모습이
부처님보다는 바닥을 더 잘 모시는 보살이다
평생 땅을 모시고 산 습관이었으리라
절을 마치고 구경 삼아 경내를 한 바퀴 도는데
법당 연등과 작은 부처님 앞에 내 이름이 붙어 있고
절 마당 석탑 기단에도
내 이름이 깊게 새겨져 있다
오랫동안 어머니가 다니며 시주하던 절인데
어머니 이름은 어디에도 없다
어머니는 평생 나를 아름다운 연등으로
작은 부처님으로
높은 석탑으로 모시고 살았던 것이다.

자아가 강한 시대이다. 너도 나도 하나같이 고집과 자존심덩어리가 되어버린 듯하다. 자신이 손해보거나 다치면 이내 분노와 원망으로 길을 잃고 만다. 내 가족이 상처를 받는 일은 도무지 견딜 수 없으면서 남이 상처받는 일에는 무관심하다. 하여 점점 개인적이고 분열적이 되어버린 사회이다. 우리에게는 오래된 '모심'의 철학이 있다. 경쟁이 아닌, 이 '모심'은 낯선 것이 아니다. 바로 풍류도, 아니 그 이전의 우리 전통 속에 오래오래 스며온 것이다. 새벽 정화수를 떠놓고 빌던 할머니, 달님에게 절하던 것, 당산나무 아래 돌탑을 쌓던 것, 모두 지극한 '모심'과 '살림'을 보여준다. 하지만 이제 아득한 세계이다. 너무 쉽게 너무 익숙하게 누군가를 배제하며 산다.

  모신다는 것은 무엇일까. 한장 나뭇잎처럼 납작납작 절하면서 평생 바닥을 모시던 어머니, 땅을 모시던 정신은 어디서 왔을까. 오랫동안 시주하면서도 자신을 한 번도 드러내지 않는 극진함은 누구의 것일까. 어머님은 하늘을 감동시키는 법, 진인사대천명을 너무 정확히 아셨던 걸까. 늙은 어머니를 따라 우리도 늙는다. 어머니는 자아를 지우고 타자를 모시는 법을 자식에게 묵묵히 보여준다. 한번도 자신의 이름에 급급하지 않았던 것. 우리의 자녀들도 우리를 따라 늙을 것이다. 그렇게 삶을 모신 흔적을 묵묵히 전해줄 수 있을까. 그 진정한 사랑을 실어나를 수 있을까.

운문호

허만하

평지에서 물은 흐르지 않는다. 회상과 꿈의 경계에서 물은 잠시 멈추어 선다. 물이 수면에 내려앉는 계절의 하늘을 느낄 때, 고여 있는 물의 부피는 너울지는 쪽빛 바다를 꿈꾼다. 바다가 내 몸 안으로 흘러들지 못하는 것은 꿈과 회상의 수위가 서로 같기 때문이다.

굽이를 돌 때마다 고인 물이 멀리 한번씩 번득이는 것은 지향을 가진 물이 회상과 꿈의 평형에 회의를 느끼는 순간이다.

회상과 꿈이 평지를 이루는 일상. 평온한 듯하지만 보이지 않지만, 내면 깊숙한 데마다 감춰진 예각이 있다. 그 예각은 굽이를 돌 때 번득인다. 내가 원하는 것과 나를 원해온 것의 평형을 의심할 때 비로소 우리는 존재하는 것인가. 평지가 아닌 깊이를 선택할 때 천천히 몸 안으로 흘러드는 바다, 저 자유. 심해에서 익힌 한 마리 고생대 물고기의 본색이 드러나는 걸까. 우리는 지향을 가진 물이다. 우리의 수면에 내려앉는 이 봄하늘을 어떻게 안을 것인가. 어떻게 숨쉴 것인가. 저만치 또 굽이가 보인다. 회의가 자라고 있다.

선어대 갈대밭

안상학

갈대가 한사코 동으로 누워 있다
겨우내 서풍이 불었다는 증거다

아니다 저건
동으로 가는 바람더러
같이 가자고 같이 가자고
갈대가 머리 풀고 매달린 상처다

아니다 저건
바람이 한사코 같이 가자고 손목을 끌어도
갈대가 제 뿌리 놓지 못한 채
뿌리치고 뿌리친 몸부림이다

모질게도 입춘 바람
다시 불어
누운 갈대를 더 누이고 있다
아니다 저건
갈대의 등을 다독이며 떠나가는 바람이다
아니다 저건
어여 가라고 어여 가라고
갈대가 바람의 등을 떠미는 거다

만남도 떠남도 결국은 한 몸짓이다. 매달림도 뿌리침도 결국은 한 가지 존재 방식이며 삶도 죽음도 그러하다. 서로의 등을 오래 지켜보는 긴 응시인 것이다. '한사코' 끌고, '한사코' 젓는 그 뜨거운 몸짓들 때문에 우리 생에 생긴 빈 공간, 낮은 그루터기들. 그렇게 놓인 그리움이 어쩌면 이 생의 전부인지도 모른다. 그 매운 상처들이 어찌 쉬웠으랴. 어찌 그 고독이 치열하지 않았으랴. 그 침묵이 내 안의 한 순정한 빛이 될 수 있을까. 촛불은 부드러운 미풍에도 꺼지지만 반딧불이는 폭풍우에도 그 빛을 잃지 않는다는 스와미 웨다의 잠언은 얼마나 아름다운가. 촛불은 바깥에 의해 점화되지만 반딧불이는 그 빛이 자기 안에 있기 때문이다. 언젠가 아름다운 무늬를 드러낼 내 안의 옹이들을 믿어 본다. 믿어야만 한다. 어쩌랴. 갈대밭 풍경은 고스란히 우리네 삶이다. 한순간도 치열하지 않은 적이 없는 자리, 바로 내 사랑의 자리이며 내 믿음의 자리, 내 자유의 자리이다. 그 자리에 오늘도 바람은 동쪽으로 분다. 아무리 삶이 모질어도 서로의 등을 볼 줄 아는 것, 그것이 오늘 하루치 지혜이며 또 하루치 열정인 것을.

맨처음

신정민

사과는
사과꽃에 앉은 별의 더듬이가
맨 처음 닿은 곳에서 썩기 시작한다
바람이 스쳐간 곳,
햇볕이 드나들며 단맛이 돌기 시작한 곳,
맨 처음 빗방울이 떨어진 곳,
사과는
먼 기찻길에서 들려온 기적소리,
사과의 귀가 맨 처음 열린 곳에서 썩기 시작한다
익어가는 거야,
씨앗을 품고 붉어지기 시작한 곳에서
사과는 썩기 시작한다
썩고 있는 체온으로 벌레를 키워
몸 밖으로의 비행을 꿈꾼다
온 힘을 다해 썩은 사과는
비로소 사과가 된다

어떤 눈빛, 어떤 손길에 문득 접촉한다. 체온을 느끼는 한순간, 비로소 우주가 순환을 시작하는 자리가 된다. '맨 처음'은 시간이 아니라 장소이다. 새로운 자기와 만나는 곳이다. 온몸을 다해 썩을 줄 아는 지혜, 그것이 곧 완성일 수 있음이니. 하여 '맨 처음'은 전율과 고독이며 동시에 꿈이었던 것. 밀알 하나가 푸른 밀밭이 되는 비밀을 깨닫느니. 마음이 위태로운 이 시대, 마지막 희망은 인류가 '맨 처음' 장소를 기억해내는 데 있지 않을까. 오늘, 여기가, 그 '맨 처음'은 아닐까. 내가 바로 그 '맨 처음'은 아닐까. 온몸으로 썩기 시작해야하지 않을까.

눈물뼈

이규열

고향을 떠나본 사람은 안다
그 기억만으로도
눈물과 함께 남은 생이 지탱되어진다는 것을

고향은 뼈다
치유할 수 없는 고통이다

고향을 가졌던 사람은 안다
타향에서 흘리는 눈물과
고향에서 받아온 뼈가
같은 성분으로 이루어졌음을
삶은 눈물뼈 천지인 것을

안면두개골 눈구멍의 안쪽 벽 좌우 한 쌍씩 있는 얇은 뼈. 이 눈물뼈는 위로 전두골, 앞은 상악골과, 아래로 누골돌기, 뒤는 사골과 연결된다. 그 주위로 누골 앞면 위쪽 고랑 모양의 누낭구, 상악골 전두돌기의 고랑과 누낭구가 만나는 누낭와, 누낭구 아래 세로로 뻗은 후누낭릉 등이 있다. 보이지 않는 곳에서 그렇게 미세한 신비를 이루고 있는 눈물. 눈동자 안의 구조가 얼마나 경이로운가.

이 지상의 삶이 그러하다. 단순하지 않다. 존재가 보이지 않는 섬세한 관계로 구성되어 있듯 눈물도 감동도 아름다운 신비로 구성되어 있다. 누군가 그리울 때, 아플 때, 감동할 때, 간절할 때 우리가 흘리는 눈물은 눈물뼈의 섬세한 작동이다. 이 세상은 모든 눈물은 전부 아름다운 뼈다. 뼈가 생명의 고향인 것처럼. 뼈와 눈물은 정신의 성분이 같다. 전혀 다른 물질이 같은 성분을 이룬다는 것은 그만큼의 절실함이 고향이든 타향이든 존재한다는 것이다. 그것이 현실이고, 그리움의 이유이다.

고향을 떠났을 때 우리 속에는 눈물뼈가 타향의 모든 고단함을 이미 대신하고 있는지 모른다. 언제든 땅으로 돌아가는 잎새들, 언제든 총총히 돌아오는 잎눈들을 보라. 언제나 흔쾌히 떠나고 흔쾌히 돌아오는 흔들림 속에서, 그 선명한 잎맥에서 눈물뼈를 읽는다. 눈물샘의 뼈조각이 살아있는 햇살들, 바람들. 눈물이 곧 고향이고 뼈다. 비둘기 우는 창가에 서서 내가 가졌던, 눈물의 원래 고향이 어디인가 곰곰 생각해본다.

짐짓

이선형

　횡단보도 앞 난전에서 콩을 파는, 불린 메주콩 같은 아주머니, 오늘도 비둘기를 쫓느라 매를 든다 염치없다며 고개를 빼들고 둘레둘레 딴전을 피면서도 먹을 것이 소복하게 담겨있는 앞을 비둘기는 좀체 뜨질 못한다 배고프기야 네 사정이 내 사정이라고 땅, 땅, 땅. 나무 작대기는 차마, 비둘기 옆 땅바닥만 친다 엄마야! 비둘기는 날개를 가누지 못하는 시늉만 장단 맞추고 서너 발자국 뒤로 물러났다가는 고개만 돌리고 또 다가선다

　어릴 적에 어머니, 회초리로 방바닥만 때리며 짐짓 몰아치던 그때

　기어코 콩을 삼키는 비둘기 놀랜 목구멍 옆에서
　졸다가 깬 아주머니, 혼자 먹는 길 위의 점심도 구르듯 목구멍을 타넘는다

살면서 우리는 자주 서럽고 자주 그립고 자주 앓는다. 왜 그럴까. 한참 힘들고 나서야 보이지 않던 '짐짓'들이 보인다. '짐짓' 삶을 견뎌온 어른들을 이해하게 된다. 나이가 들면서 당혹스런 상황에 한참 부닥뜨려서야 읽히는 그 무수한 '짐짓'들. 그 쓸쓸하던 '짐짓'들이 고맙게 다가온다. 얼마나 많은 꽃잎들이 짐짓 흔들렸을까. 짐짓 도도하게 돌아보던 샛골목 길냥이들, 짐짓 반짝이는 산동네 불빛들. 짐짓 웃음을 터뜨리는 눈물들. 그안에는 잘 숙성된 고독들이 무심히 살고 있으리라. 작은 바람에도 슬몃 흔들리는 '짐짓'이 모든 우울을 뚫고 걸어온다. 어린 자작나무처럼, 빗물 고인 작은 웅덩이처럼, 홀로 자란 적막처럼, 짐짓 우리는 기특하게 의젓하게 살아있다.

결별

서규정

생각난 듯이 툭 툭 동백꽃잎이 지는 포구엔
두고두고 미루어 잊어야할 그런 사람이 있었는가 보아
썰물 뒤의 바람처럼 아득하게 싸고도는 갯내음
맑고 찬 하늘 부셔 저절로 눈물 나고
왼쪽 가슴께에 손을 대면 쿵쿵쿵 울리는 박동들 따라
주고받던 말들이 파도 갈피에 물고기로 뛰노는 것을
늘 가난을 입고 먹고살아도 꿈을 꾸듯
푸른빛에 물들어 산 게 빚이라면
온 누리에 진 빚이, 빛인가
사랑의 役事는 빛과 꿈, 그리고 말보다 땀이었을 때
땀방울을 다 쏟아낸 해바라기는 곧고 힘차게 말라죽어 있네
수평선 한 줄밖엔 남기고 쓸어갈 것 없이
폐선 한 척이 벗겨진 신발처럼 버려져 있는 포구
소금색 발뒤꿈치 하나가 목젖을 무겁게 밟고 가네

결별은 넓이가 아닌, 깊이이다. 쓸쓸하고 캄캄한 그 공간에서 삶도 사람도 다시 빛나고 다시 발견된다. 결별을 딛고서야 몽둥발이 가슴은 비로소 사랑의 실체와 그 울림을 획득한다. 산다는 건 아련한 누군가를 두고두고 미루어 잊어가는 과정. 하여 가난을 입고 먹으면서도 그 외로움으로 푸르게 물들 수 있으리라. 모든 빚을 빛으로 여기며 걷는 꿈, 그 소금색 발꿈치를 따라 수평선이 글썽거린다. 내 속에 진정 아름다운 결별이 장만되어 있는가, 유심히 들여다보는 오후, 한 결별이 부지런히 자라는 중이다.

두드리다

비에도 지지 않고

미야자와 겐지

비에도 지지 않고 바람에도 지지 않고
눈보라에도 한여름 더위에도 지지 않는
튼튼한 몸을 지니고 욕심 없이
결코 원망하지 않고 언제나 잔잔히 웃으며
하루에 현미 네 홉과 된장과 약간의 채소를 먹으며
모든 일에 자신의 이익을 헤아리지 않고
잘 보고 듣고 분별하고, 그리하여 잊지 않고
들판 소나무 숲 그늘에 작은 초가지붕 오두막에 살며
동쪽에 아픈 아이 있다면 가서 보살펴주고
서쪽에 지친 어머니 있다면 가서 대신 볏단을 지어주고
남쪽에 죽어가는 사람이 있다면 가서 두려워 말라 말해주고
북쪽에 싸움이나 소송이 있으면 별 거 아니니 그만 두라 말하고
가뭄이 들면 눈물 흘리고
냉해가 든 여름이면 허둥지둥 걷는
모두에게 멍청이라 불리고
칭찬도 듣지 않고 근심도 되지 않는
그런 사람이 나는 되고 싶다

오늘 동쪽에 가선 누구를 만날 것인가. 오늘 서쪽으로 가서 무엇을 할 것인가. 남쪽으로 가서는. 북쪽에서는 어떤 상황들이 나를 기다릴 것인가. 어떤 일들이 나를 존재하게 할 것이며, 나는 또 무언가를 존재하게 할 수 있을 것인가. 사방팔방으로 사람이 있다. 사방팔방으로 사건이 있다. 아니, 더 많은 방향으로 더 많은 고단함과 노동과 두려움과 분노가 있다. 이 무수한 방향들. 구심력으로 작동하고 있는 원심력의 방향을 본다.

바보스럽다는 것은 순리를 아는 일이다. 이 멍청한 몸짓은 무욕에서 나온다. 무욕이란 입으로 정의하는 것이 아니라 몸으로 실천하는 세계이다. 몸으로 사는 일엔 사람이 할 수 있는 일과 사람이 할 수 없는 일이 있다. 누군가를 연민으로 돌보아주는 일, 누군가의 삶을 거드는 일, 싸움을 말리는 일, 두려움에 함께 하는 일 등은 사람이 할 수 있는 일이다. 스스로 선택하고 실천할 수 있다. 사람이 어찌 할 수 없는 일도 있다. 가뭄이나 냉해는 자연의 재해이다. 그저 쩔쩔매며 울거나 허둥댈 수밖에 없는 순간도 많다. 그럴 땐 울거나 허둥거려야 한다. 그러면서 사람은 더 겸허해지고 경외를 배운다.

최선을 다하려면 그저 부지런할 수밖에 없다. 욕심 부리지 않고 교만하지 않고 부지런한 것, 그것이 자연의 행보이다. 그럴 때 비에도 지지 않고 바람에도 지지 않는 마음이 결을 드러낸다. 혼돈과 질서가 따로 없다. 칭찬과 근심이 따로 없다. 그래서 어느 쪽으로도 치우치지 않는다. 그저 자연스러운 상태, 이러한 무욕의 세계를 '잘 보고 듣고 분별하고, 그래서 잊지 않을' 수 있다면 지금 우리 사회가 당면한 모든 불의와 폭력을 넘어설 수 있을까.

후일담

정한용

아프리카 어떤 부족은, 사람이 죽어도 그 영혼은 살아있다고 믿는다
그를 기억하는 사람 머릿속에 함께 살아가다, 그들이 모두 죽으면 그때서야 진짜로 죽는다고 한다

지금 내 몸속에는 누가 살고 있나
그렇구나, 할아버지, 할머니, 어머니는 아직 살아계신 것이다
젊은 나이에 간 규선이도 있고, 장례식에 못 가본 은사님도 아직은 내 곁에 있다

고향마을 뒷동산에서 잡았던 참새도, 썰매 송곳을 만드느라 베어낸 노간주나무도 아직은 살아있다
베란다에서 말라비틀어진 참죽꽃도, 생사불명의 아버지도, 아프간에서 쓰러진 검은 눈망울의 아이도, 죽은 것이 아니다

이러다 내가 가면
그래, 그제야 모두 함께 떠나겠구나
나 혼자 가는 게 아니구나

내 몸에 깃든 모든 존재들이여, 그러니, 슬퍼할 것 없겠다
나는 죽어도, 나를 기억하는 이, 세상에 서넛 둘 하나 남아있을 때까지, 그때까지는 죽은 것이 아니다, 우리 모두
생의 끈을 풀 때까지

사람이 경이로운 이유는 관계를 기억해내는 힘 때문이 아닐까. 다른 동물과 달리 추억을 통해 연민과 관심을 배워나간다. 그 인드라망의 세계, 연기緣起의 고리는 사실 우리가 이 지구별에 태어난 모든 이유이다. 단절과 소외로 상처가 깊어가는 이 시대에 내 속에 숨어 빛나는 것들을 기억하는 것, 그건 정말 절실하고 절실하다. 우리가 사는 것, 타자들에게 아름다운 결을 남겨주는 일이다. 꽃씨를 심듯 말이다. 그리하여 우리는 물리적 나이를 넘어 서로를 빛나게 하며 시간과 공간을 넘나들며 여울지는 무늬들인 것이다. 가을 문턱, 누군가를 마음껏 그리워해보는 건 어떨까. 그리고 더 먼 대륙에 있는 슬픔들도 함께 기억해주자. 기억해낼 때 관계는 다시 생성되고 순환된다. 기억만이 우리를 살아있게 하는 것이니.

한계산성에 가서

이상국

그해 가을 한계산성 깊이 들어갔다가
나무 이파리 덮고 누운 토끼의 주검을 보았다
희고 가늘게 육탈된 뼈를
그의 마른 가죽이 죽어라고 껴안고 있었는데
그 검고 겁 많던 눈이 있던 자리에
어린 상수리나무가 집을 짓고 있었다

나무뿌리가 조금씩
조금씩 몸속으로 들어올 때
그는 얼마나 간지러웠을까

내가 아무런 대책도 없이
생의 깊은 곳까지 들어갔다가
누군가에게 나를 내줘야 할 때가 온다면
나도 웃음을 참으며
나무에게 나를 내주고 싶다
벌레들에게 몸을 맡기고 싶다

주검에서 삶을 발견한다는 것은 얼마나 따뜻한 일인가. 간지러움은 소박하면서도 은근한 기쁨을 내뿜는 목마름과 설레임이 아닐까. 토끼의 얼굴 자리에 조금씩 뿌리를 내리며 싹을 틔운 도토리, 그래서 토끼는 상수리나무로 태어나 더 많은 눈과 귀를 갖게 되는 것이리라. 원시공동체는 그랬다. 서로가 서로에게 자리를 내어주며 함께 존재했다. 자연의 존재론적 본성은 그러한 생명의 간지러움으로 가득하다. 서로 키득이며 서로 이끌어준다. 떠날 줄도 돌아올 줄도 안다. 소유론적 욕망으로 경쟁하는 이 이기의 문명은 불편하고 고단하고 두렵다. 맑게 육탈한 토끼의 뼈 앞에서 부끄럽다. 아무 대책 없이 살더라도, 그 어느 깊은 데에 갇히더라도 생명의 간지러운 그 풋풋함을 기억한다면 무엇이 두려우랴. 마음을 비울 줄 안다면 삶은 무한한 변신으로 가득한 능선이 아니던가.

아름다운 독선
獨善

서정춘

그러니까,
나의 아름다운 봄밤은 저수지가 말한다
좀생이 잔별들이 저수지로 내려와
물 뜨는 소리에 귀를 적셔보는 일
그 다음은, 별빛에 홀린 듯 홀린 듯
물뱀 한 마리가 물금 치고 줄금 치고
一行詩 한 줄처럼 나그네길 가는 것
저것이, 몸이 구불구불 징한 것이 저렇게
날금 같은 직선을 만든다는 생각
그래서는 물금줄금 직선만 아직 내 것이라는 것
오 내 새끼, 아름다운 직선은 독선의 뱀새끼라는 것

좀생이 잔별들, 물뱀 한 마리. 그야말로 날금의 반짝임은 가슴을 명쾌하게 서늘하게 또 감동하게 한다. 잔별들이 물뜨는 소리가 들리는 극치의 고요함. 까마득한 우주에서 고요히 자전하고 있는 지구가 저절로 떠오른다. '좀생이'란 말이 이토록 아름다울 수 있을까. 구불구불한 몸이 긋는 날금 같은 직선, 그 獨善은 一行詩로 읽어내는 감성은 얼마나 순수한 우주인 걸까. 독선이란 그렇듯 가장 아름다운 우주를 비춰주는 거울인지 모른다.

그속에서 우리는 나만의 직선을 가는 것이다. 물금줄금, 우리를 향해 반짝이는 저 날금들. 진정한 독선이란 이렇듯 삶을 절실하게 극진하게 만드는 힘이 아닐까. 봄의 한 모퉁이를 꾸려가는 풍경, 그 풍경이 우리를 무한하게 한다. 하루하루의 나그네길, 독선에서 태어난 나의 직선들은 당신을 향해 간다. 당신의 선명한 날금들은 나를 향해 반짝인다. 물금줄금, 물금줄금, 아, 그러니까, 그러니까, 말이다.

나는 기러기의 배후가 되고 싶다

이중기

슬픔을 무너뜨리며 기러기 떼 온다
푸른 문장의 시를 읽으며 기러기 떼 온다
더운 삶 시린 사랑을 찾아
그 모든 우여곡절 다 떼기장치고
북국의 얼음 감옥을 뛰쳐나온
기러기의 배후는 인간이다
등 굽고 옹이 많은 선산 소낭구 같은
나는 저 기러기에게 문장을 배우고 싶다
눈에 독기를 빼고 삶의 형틀을 벗고
옹색해도 넉넉한 도랑물을 끌어다
얼음 감옥을 지어야겠다
얼음장 밑에서 미나리는 독을 키우고
혹한의 가슴 빌어 동백은 소식 전하니
저 기러기 떼 푸른 문장을 받아
굽이굽이 환한 삶의 노래를 불러야 한다
더운 삶 시린 사랑을 찾아 달려오는
기러기의 배후가 되어야 한다

생명의 모든 연대기는 단단하고 소박한 문장으로 구성되어 있다. 그것은 아름답기 이전에 절묘하다. 인류는 그 문장을 읽으며 성장한 숲이고, 숲의 그늘이고, 숲의 향기일 것이다. 살아있다는 것은 하나의 문장으로 빛난다는 말이다. 기러기떼만이 아닐 것이다. 모든 세계, 모든 존재는 자신의 문장을 보여주고 있으리라. 기러기떼의 푸른 문장을 우리는 얼마나 읽을 수 있을까. 사람이 잃어버린 문장은 또 얼마나 많은가. 도무지 연결되지 않는 토막난 언어들. 도무지 이어지지 않는 주어와 술어들. 비껴가는 의미들 속에 자리잡는 불안들. 때문에 불안이 무수한 불구를 만들고 있다.

살아있다는 것은 강인한 문장을 짓는 일이다. 끊임없이 문장으로 다가가고 문장을 읽어내는 일이다. 얼마나 많은 뜨겁고 순수한 문장들이, 얼마나 시린 사랑들이 우리를 찾아오고 있을 것인가. 굽이굽이 절룩거리며, 굽이굽이 날개를 치며, 닿는 문장들. "그대의 절망을 믿고 싶다", 서럽도록 절실한 문장을 쓰고 외우는 하루, 아름다운 배후가 된다. 당신 안에 있는 문장을 위하여, 술잔을 든다.

흙

문정희

흙이 가진 것 중에
제일 부러운 것은 그의 이름이다.
흙 흙 흙 하고 그를 불러보라
심장 저 깊은 곳으로부터
눈물 냄새가 차오르고
이내 두 눈이 젖어온다

흙은 생명의 태반이며
또한 귀의처인 것을 나는 모른다
다만 그를 사랑한 도공이 밤낮으로
그를 주물러서 달덩이를 낳는 것을 본 일은 있다.
또한 그의 가슴에 한 줌의 씨앗을 뿌리면
철 되어 한 가마의 곡식이 돌아오는 것도 보았다.
흙의 일이므로
농부는 그것을 기적이라 부르지 않고
겸허하게 농사라고 불렀다.

그래도 나는 흙이 가진 것 중에
제일 부러운 것은 그의 이름이다.
흙 흙 흙 하고 그를 불러 보면

눈물샘 저 깊은 곳으로부터
슬프고 아름다운 목숨의 메아리가 들려온다
하늘이 우물을 파놓고 두레박으로
자신을 퍼올리는 소리가 들려온다.

누군가는 '우리가 땅에 하는 일은 우리 자신에게 하는 일이다'라고 했다. 사람이 땅을 보호하는 한, 땅은 사람을 지켜준다고 한다. 그런데 흙이 오염되었다. 흙이 아프다. 모든 몽상과 인식을 떠받치고 있는 터가 지쳐가고 있다. 우리는 우리 자신에게 무슨 짓을 한 걸까. 그 거대한 대지를 함부로 외면한 현실이 쓸쓸함을 넘어 두렵다. 가을들판에서 알뜰히 여물고 있는 곡식과 열매들을 보면서 더 미안하다. 흙, 발음해보면 조용히 설레인다. 흙, 흙, 가슴이 뜨거워진다. 흙, 흙, 흙, 그 미세한 진동 사이로 나를 적시는 물기가 번져온다. 흙의 이름을 부를 수 있는, 흙의 대답을 들을 수 있는 곳으로 떠나야하는 걸까. 하루에 흙을 밟는 날이 적다보니, 흙의 목소리를 듣는 것도 아득하다. 어머니 실한 가슴팍의 묵묵한 통증이, 느린 맥박으로 전해오는 날들이다.

약속해줘, 구름아

박정대

아침에 일어나 커피를 마신다. 담배를 피운다. 삶이라는 직업

커피나무가 자라고 담배 연기가 퍼지고 수염이 자란다, 흘러가는 구름 나는 그대의 숨결을 채집해 공책 갈피에 넣어 둔다, 삶이라는 직업

이렇게 피가 순해진 날이면 바르셀로나로 가고 싶어, 바르셀로나의 공기 속에는 소량의 헤로인이 포함되어 있다는데, 그걸 마시면 나는 7분 6초의 다른 삶을 살 수 있을까, 삶이라는 직업

약속해줘 부주키 연주자여, 내가 지중해의 푸른 물결로 출렁일 때까지, 약속해줘 레베티카 가수여, 내가 커피를 마시고 담배 한 대를 맛있게 피우고 한 장의 구름으로 저 허공에 가볍게 흐를 때까지는 내 삶에 개입하지 않겠다고

내가 어떡하든 삶이라는 직업을 마무리할 때까지 내 삶의 유리창을 떼어가지 않겠다고

약속해줘 구름아, 그대 심장에서 흘러나온 구름들아, 밤새도록 태풍에 펄럭이는 하늘의 커튼아

흐르는 것들과의 약속, 이는 이 지상에 피어난 모두의 운명이리라. 담보로 삼는 저 구름, 커피 한 잔, 담배연기, 그리고 바르셀로나의 공기나 지중해의 물결. 그 속에서 오히려 우리는 끈질기고 끈질긴 목숨의 흔적들을 읽는다. 어떤 인식 이전의 그 무한한 감각, 우리는 약속으로 붙들어놓는다. 하지만 일상을 파고드는 그 약속 또한 하나의 유장한 흐름인 것을. 그렇다고 구름과의 약속이 아름다운 허망을 말하는 건 아니리라. 그 흐름에 약속이라는 무언가 단단한 형질을 부여하면서 저 질긴 순환을 모두에게 주어진 유일한 직업임을 인식하는 것이다.

　과연 우리는 삶이라는 직업을 제대로 마무리 퇴직할 수 있을 것인가. 죽음조차도 삶의 한 흐름일진대, 우리는 우주 끝까지 흘러가는 물결 그 자체일진대. 구름에게 당부하면 할수록 결국 幻에서 還으로 環으로 돌아오는 여울에 지나지 않는 삶. 그래도 어찌할 것인가. 저 구름들, 꿈과 열망들. 오늘도 우리의 심장 속에서 끊임없이 흘러나오고 있음을. 하여 이 공평하고 아름다운 직업에 오늘도 종사한다. 끝없이 흘러간다. 이쯤서 발꿈치에 매달린 무거운 소유들을 떼어낼 수 있으면 좋을 것을. 그리운 사람 실컷 그리워하고, 용서에도 기다림에도 한껏 넉넉했으면. 삶, 모두에게, 주어진, 유일한, 직업.

그날이 오면*

박노해

그날이 오면
젊은 사람들 사이에선
나이 든 사람들을 경멸하리라

그들은 아이들 몫의 자원을 다 써버렸고
자식들을 위해 남겨놓은 건 병든 대지뿐이니

그날이 오면
젊은 세대는 부모 세대를 증오하리라
그들이 유산으로 남겨준 것은
콘크리트로 막아 죽인 갯벌과 강물과
쓰레기 더미로 썩어가는 바다와 들녘과
노후한 원자력과 핵폐기물 덩어리뿐

그날이 오면
어린이들은 어른들을 저주하리라
농부와 토종 종자와 우애의 공동체를 다 망치고
깨끗한 물과 공기와 토양을 이토록 고갈시키고
막대한 빚더미만 떠넘긴 어른들을

더 이상 남겨둔 미래도 없이
삭막한 도시와 번쩍이는 기계더미와
역습하는 기후와 복수하는 대지만을 남겨준
어른들을 증오하며 공격하리라

그날이 오면
그날이 다가오면

* 박노해 『그러니 그대 사라지지 말아라』, 느린걸음, 2010

산이 날 에워싸고

태풍을 견딘 식물들이 아무리 향그럽게 익어도 왠지 두렵다. 사방이 지옥처럼 낯설다. 함부로 된 소비들이 무엇을 만들고 있으며, 우리는 어디로 가고 있는 걸까. 불신과 폭력의 세태를 우리는 서로 탓한다. 서로 거칠다고 불안해한다. 하지만 그 모든 것이 나 한 사람의 욕망과 무관심에서 비롯되고 있음을 왜 모르는 걸까. 무절제한 소비로 인해 다 망가진 생태계와 막대한 빚더미와 노후한 원자력을 물려주면서 아이들에게 소박한 생명의 윤리를 가르칠 수 있을까. 리셋reset이라는 말이 있다. 물론 버튼 하나로 삶의 방식을 간단히 리셋할 수는 없다. 하지만 이제까지의 소비적 삶에 얽매이지 않고 심기일전하여 다시 새롭게 시작할 수는 없을까. 리셋으로 몸과 마음을 새롭게 한다는 건 정말 불가능할까. 인류는 무엇을 선택할 수 있을까. 자연은 대표적인 리셋의 장치이다. 신록을 지나고 태풍이 지나고 이제 단풍이 오고 있다. 자연의 채널은 다양하다. 이 두려운 불신의 문명에서 다음 세대에 경외와 경이로움을 전해줄 수 있는 방법은 없을까. 어떤 선택이, 어떤 전환이 필요할까. 가을하늘이 저리 투명한데 말이다.

노래의 기원

복효근

처마 끝에 한 무리 참새가 몰려 있다
어미새는 장독대 근처 매화나무 가지에서 아이들을 부르고
부리에 노란 테두리가 채 가시지 않은 새끼들이
이제 갓 꽃을 지운 매화나무 가지를 향하여 뛰어내린다

아까부터 고양이 한 마리
처마 그늘 깊숙한 곳에 몸을 웅크리고 있다
참새는 알까
처마 밑 그림자가 지옥의 아가리라는 것을

지옥은 늘 낙원과 입구를 같이 쓴다
다만 낙원엔 출구가 있을 따름인지
가까스로 몇 마리 낙원을 향하여 허우적거린다

젖 먹던 힘이 있을 리 없는 새에게
죽을힘을 다하여 제 몸을 매화 가지에 옮겨놓는
필사의 낙하가 낙화처럼 애절타

모든 첫 비상은 추락이었을 터
그러나 추락이 모두 비상은 아니었다
바람도 없는데 매화 한 그루 잠깐잠깐 균형을 잃는가싶더니
겨우 새 몇 마리 받아냈을 뿐

매화의 손이 놓친 어린 참새 몇은 어디로 갔을까
새는 겨우 지옥 1미터 남짓 상공에서

비명처럼 낙원을 노래한다

노래는 어디서 비롯되는가

달빛 싣고 흐르는 강

모든 노래가 시작되는 자리는 벼랑이 아닐까. 벼랑을 노래하고 벼랑을 짓고 벼랑을 완성하는 일이 삶 전체이다. 지옥과 낙원을 오가는 그 벼랑은 언제든 아득하고 절박하다. 산다는 것은 매순간 벼랑을 직면하는 일이다. 그 벼랑에 새가 산다. 추락과 비상은 일상이 된다. 그 절실함과 그 뜨거움과 그 치열함, 모든 비명은 생명을 부른다는 데서 노래일 수밖에 없다.
　어찌 노래가 여흥이고 유쾌함에 그치랴. 노래는 삶을 견디는 방식, 이겨내는 방식, 삶을 부르는 방식, 그리고 그리워하는 방식이다. 하여 노래는 주술이었다. 죽음을 넘어서는 진혼이었고, 초월할 수 없는 절망의 난간을 온몸으로 붙드는 힘이었다. 이 절망은 '지금 눈 내리고/ 매화 향기 홀로 아득하니,/ 내 여기 가난한 노래의 씨를 뿌려라'는 이육사의 음성에도, '별을 노래하는 마음으로/ 모든 죽어가는 것을 사랑해야지'라는 윤동주의 가슴에도, '제 곡조를 못 이기는 사랑의 노래는 임의 침묵을 휩싸고 돕니다'는 한용운의 사유에도 닿아 있다. '나무의 그늘에서나 새는 노래한다./ 그것이 노래인 줄도 모르면서'라는 박남수의 고뇌처럼 노래는 노래인 줄 모를 때 노래가 된다. 노래라고 말하는 순간, 그건 노래가 아니라 내 감정에 불과하고 만다.
　꽃이 비바람과 싸워 악착같이 피어있듯, 노래도 삶과 죽음을 가로지르는 울음이다. 그래서 노래 속에서 우리는 추락, 그 슬픔을 기억해내야 한다. 내 감상이 아니라, 존재를 붙들던 그 힘을. 노래는 언제나 지옥과 낙원을 가로지르는 벼랑인 것을.

가을밤

조용미

마늘과 꿀을 유리병 속에 넣어 가두어두었다 두 해가 지나도록 깜박 잊었다 한 순가락 뜨니 마늘도 꿀도 아니다 마늘이고 꿀이다

당신도 저렇게 오래 내 속에 갇혀 있었으니 형과 질이 변했겠다

마늘에 緣하고 꿀에 연하고 시간에 연하고 동그란 유리병에 둘러싸여 마늘꿀절임이 된 것처럼

내 속의 당신은 참 당신이 아닐 것이다 변해버린 맛이 묘하다

또 한 순가락 나의 손과 발을 따뜻하게 해 줄 마늘꿀절임 같은 당신을,

가을밤은 맑고 깊어서 방안에 연못 물 얇아지는 소리가 다 들어앉는다

우리는 우리 안의 것들을 맛있게 숙성시키고 있는 걸까. 땅밑 흙냄새를 품은 마늘과 꿀벌들이 꽃가루에서 길어올린 꿀, 그리고 두 해라는 시간과 유리병이라는 장소가 함께 고여 전혀 다른 형질로 바뀐다. 그리하여 손과 발을 데워내는 맛이 된다. 삶이란 이렇게 서로 엉기어, 깊은 맛으로 변해가는 과정이리라. 그걸 우리는 인연이라 부른다. 서로가 서로에게 내어준 몸뚱이들이 결국은 생을 완성시켜주는 것이다. 거기엔 한참 잊어버릴 정도의 기다림과 믿음이 필요하다. 서로 아프게 부대끼는 시간이 사실 깜박 잊어버리는 시간일 수 있지 않을까. 한참 걸어와 돌아보면 우리 안의 당신들은, 당신 안의 나는 서로 잘 아우러진 성숙한 향기를 내게 되지 않을까. 그럴 때 연못의 물소리가 방안으로 들어앉는 소리를 들을 수 있다. 결국 산다는 것은 너도 아니고 나도 아니면서, 동시에 너면서 나인 따뜻한 맛을 지니는 일이기에. 아침마다 햇살처럼 기억해내자. 내가 누군가의 가슴 속에서 익고 있고, 내 가슴 속에서 누군가 알뜰하게 익어가는 중이니.

통한다는 말

손세실리아

통한다는 말, 이 말처럼
사람을 단박에 기분 좋게 만드는 말도 드물지
두고두고 가슴 설레게 하는 말 또한 드물지

그 속엔
어디로든 막힘없이 들고나는 자유로운 영혼과
흐르는 눈물 닦아주는 위로의 손길이 담겨있지

혈관을 타고 흐르는 붉은 피도 통한다 하고
물과 바람과 공기의 순환도 통한다 하지 않던가

거기 깃든 순정한 마음으로
살아가야지 사랑해야지

통한다는 말, 이 말처럼
늑골이 통째로 무지근해지는 연민의 말도 드물지
갑갑한 숨통 툭 터 모두를 살려내는 말 또한 드물지

신라시대의 선인 물계자는 하늘과 사람 사이에 멋이 있다고 했다. "멋, 풍류風流! 그야말로 하늘과 사람 사이에 통하는 것이 '멋' 이야. 하늘에 통하지 아니한 멋은 있을 수 없어. 만일 있다면 그야말로 설멋이란 말이야. 멋이나 있는 체 할 때, 벌써 하늘과 통하는 길이 막히는 법이거든. 참 멋과 제작은 마침내 한지경이니, 너희는 여기까지 아는지?"

물계자의 질문은 이 시대의 삶과 꿈을 향한 뜨거운 화살이다. 우리는 제대로 멋을 이해하는가. 멋이 있는 체 할 뿐인가. 설멋이란 얼마나 두렵고 아찔한 말인가. 하늘과 사람 사이에 멋이 있다. 멋이 있다는 말은 결국 통한다는 말인 것이다. 하늘과 사람이 통한다는 말은 곧 하늘이 사람이라는 말이다. 바로 인내천人乃天인 것이다. 하지만 우리는 그 멋, 그 통함, 그 숨길, 그 풍류를 잃어버렸다. 멋이 있는 체 할 뿐 하늘과의 길은 막혀있는 것이다.

모두를 살려내는 말, 通, 그것이 진정한 존재의 멋이다. 우리 사회 가치의 잣대가 된 돈이 서로를 통하게 할 수 있을까. 그것이 진정한 멋으로 모두를 살려낼 수 있을까. 그럴수만 있다면 우린 얼마든지 돈을 벌어야 하리라. 하지만 오늘날 돈은 하늘의 길을 막고 있다. 우리 영혼은 점점 병이 들고, 설멋으로 우리는 천천히 죽어가고 있다. 어찌할 것인가. 숨을 쉬기가 어렵다. 하늘길은 여는 것으로 무엇이 있을까?

햇살의 분별력

안도현

감나무 잎에 내리는 햇살은 감나무 잎사귀만하고요
조릿대 잎에 내리는 햇살은 조릿대 잎사귀만하고요

장닭 볏을 만지는 햇살은 장닭 볏만큼 붉고요
염소 수염을 만지는 햇살은 염소 수염만큼 희고요

여치 날개에 닿으면 햇살은 차르륵 소리를 내고요
잉어 꼬리에 닿으면 햇살은 첨버덩 소리를 내고요

거름더미에 뒹구는 햇살은 거름 냄새가 나고요
오줌통에 빠진 햇살은 오줌 냄새가 나고요

겨울에 햇살은 건들건들 놀다 가고요
여름에 햇살은 쌔빠지게 일하다 가고요

소통은 모든 문명에서 중요한 열쇠였다. 시간과 공간을 넘어 소통하려는 집요한 노력이 신화에서부터 오늘의 예술과 과학까지 이끌어내지 않았을까. 자유롭지 못한 자가 자유를 위해 투쟁하듯이, 소통이 되지 않는 사회는 수많은 소통의 기술을 만들어내고 있다. 하지만 쏟아지는 엄청난 정보에도 불구하고 인류는 늘 소통에 지쳐 있다. 아이와 엄마가, 아내와 남편이, 친구들이 자꾸 어긋난다. 사랑을 꿈꾸면서도 사랑을 하지 못하는 끊임없는 짝사랑들. 소외와 고독으로 점철된 일상은 결국 폭력적이 되고 만다.

소통이 생성되는 근원을 잘 모르고 있는건 아닐까. 소통을 막고 있는 것은 소유이다. 이 시대의 소통은 소유론적 욕망에 잠식되어 있다. 하지만 소통에 필요한 것은 있는 그대로, 그 자체를 인정받는 존재론적 욕망이다. 있는 그대로 빛나게 하는 것, 있는 그대로 소리내는 것들이 함께 출렁이는 것. 스스로 존재하는 것들은 스스로 존재하는 것들 앞에서 눈부시게 빛난다. 자연에서 우리는 그 세계를 만난다. 시스템은 '있는 그대로'가 아니라 어떤 형식으로든 주어진 조건이나 구조로 작동한다. 그렇다고 우리가 자연성을 회복할 수 없는 것은 아니다. 내 안에 갇힌 소유의 욕망을 조금만 정리하면 훨씬 자연적이며 타자지향적 삶이 가능하다. 교육은 바로 타자와 교감하는 법을 가르치는 것이다. 하지만 전혀 그렇지 못하다. 끊임없이 경쟁하는 법과 소유하는 법이 교육된다. 있는 그대로의 눈부심을 우린 잊어버렸다. 끝없는 소유의 비교, 그 잘못된 배움이 우리를 외롭게 한다. 어떤 논리도 '있는 그대로'의 존재론적 힘을 이길 수 없다. 그것을 거스를 때, 모든 것을 동일시하려고 할 때, 균형은 깨어지고 만다.

자연은 높고 낮으며 붉고 희고 크고 작은 것들이 어우러져 있다. 이것이 평등이고 자유이다. 높은 산 사이로 강물이 흘러 바다에 이르는 것처럼 우리 삶은 굽이친다. 우리가 서로에게 산이며 강물이며 바다이다. 우리는 모두 각각 있는 그대로 빛나는 존재이므로, 나의 빛남을 믿고 상대방의 빛남을 인식하는

大象无形

게 소통의 전제조건이다. 우리는 무엇을 부러워하는가. 부자를 부러워하고 권력을 부러워하고 명예를 부러워하면 그것은 이미 소통의 근원을 떠나있는 것이다. 소박함을 부러워하고 청빈과 겸허를 부러워하는 것은 어떨까. 왜 예수는 가난한 자가 복이 있다고 가르쳤을까. 순수하고 소박할 때 광대한 자연, 또는 우리 안의 무한한 우주를 만날 수 있기 때문이 아닐까. 내 자신은 얼마나 엄청난 기적인가.

 니체는 『짜라투스트라는 이렇게 말했다』에서 인간이 자기를 극복하는 데는 낙타와 사자, 어린아이의 단계를 거쳐야 한다고 말했다. 아이는 맑고 기발하며 한없이 자유롭고 가치창조가 가능한 존재다. 소통의 햇살은 '아이' 같은, 그 자체로 무한한 긍정이며 가치를 만든다. 그것이 햇살이다. 있는 그대로의 눈부심을 위해 우리는 타자를 인정하는 일이 먼저 훈련되어야 한다. 선험적인 잣대를 버려야 한다. 더 헐렁해지자. 더 헐렁해지자. 햇살처럼 출렁이자. 우리들은 언제나 춤을 추는 존재인 것이다. 그러면 타자들도 있는 그대로 반짝일 테니.

춤

장옥관

흰 비닐봉지 하나
담벼락에 달라붙어 춤추고 있다
죽었는가 하면 살아나고
떠올랐는가 싶으면 가라앉는다
사람에게서 떨어져 나온 그림자가 따로
춤추는 것 같다
제 그림자도 제대로 챙기지 못하는 그것이
지금 춤추고 있다. 죽도록 얻어맞고
엎어져 있다가 히히 고개 드는 바보
허공에 힘껏 내지르는 발길질 같다
저 혼자서는 저를 드러낼 수 없는
공기가 춤을 추는 것이다
소리가 있어야 드러내는 한숨처럼
돌이 있어야 물살 만드는 시냇물처럼
몸 없는 것들이 서로 기대어
춤추는 것이다
시도 때도 없이 찾아와 나를 할퀴는
사랑이여 불안이여
오, 내 머릿속
헛것의 춤

길거리에 혼자 떠도는 빈 비닐봉지를 가끔 만나곤 한다. 혼자 날아올랐다 주저앉았다 아주 작은 바람에도 전신으로 대답하는 비닐봉지를 보면 광막한 우주를 노래하는 하나의 곡조 같기도 하다. 어딘가에 사용되고 버려졌지만 노래하는 법을 잊어버리지 않는 힘을 배운다. 나뒹구는 봉지를 보면서 '삶이 그대를 속일지라도 슬퍼하거나 노하지 말라'는 푸쉬킨의 시를 기억해낸다. 아무리 삶이 허무해도 아무리 삶이 우리를 절망시키는 어떤 경우라도 우리는 살아간다. 바람에 기대어 그렇게 춤을 추면서 무늬를 만들어야 하는 것이다.

결코 아무렇게나 나뒹구는 것이 아니다. 까치발로 바람을 딛고 부지런히 바람을 따라간다. 그것은 인위이면서 동시에 무위이기도 하여 자연이면서도 오롯한 표현이기도 하다. 어떤 결과에도 집착하지 않는다. 왜인지 무엇인지 어디인지 저 있는 자리를 따지지 않는다. 저에 닿는 모든 것, 바람에 상관하고 벽에 상관하고 소리에 상관하고 그 모든 출렁임에 상관하면서 흘러간다. 절대적인 것은 아무 것도 없다. 모든 것은 서로 상관되어 존재한다. 그 모든 헛것을 우리는 인생이라 부른다. 시인은 그것을 춤이라고 불렀다.

살아있는 모든 것은 춤을 가지고 있다. 어떤 방식으로든 몸짓을 드러내는 것이야말로 생명의 조건이다. 우리의 몸은 진즉 공기의 춤을 담고 태어났다. 공기와 바람, 그 호흡을 우리는 몸을 통하여 보여주는 것이다. '몸 없는 것들이 서로 기대어 춤추는' 것들은 우리들이 살아가고 있는 이유를 선명히 응시하고 있다. 버려진 빈 비닐봉투 한 장을 따라가면 거기에도 생명의 지혜가 날개를 파닥이고 있다. 바람을 타고가는 저 힘을 배운다. 가볍고, 자유로운, 조금은 심심하고 쓸쓸한.

걸레질

오정환

반드시
무릎부터 꿇어야 하고
숨결부터 가다듬어야 하는
저 역동의 경건한 자세
아래로
바닥을 굽어보는 성찰

언제 어떻게 비롯하였나
때 묻은 살림 닦는 일
땀 흘리며 닦고 또 닦아온
어머니의 어머니
그 전 어머니 적부터의
세상 가장 단순한 수고로움

고단한 하루를 접고
내일을 겨냥하는 마음
훔치고 밀어내는 것이
어찌 흙먼지뿐이었겠나

우리가 당면한 크고작은 위기는 걸레질을 잊어버렸기 때문이 아닐까. 삶을 일구는 최초의 행위는 걸레질에서 시작되었는지 모른다. 수행의 가장 기본자세도 걸레질이 출발이다. 호흡도 명상도 아니다. 닦고 또 닦는 단순한 수고는 존재를 성찰하는 방식 그 자체이다. 하여 걸레질은 결코 기능일 수 없다. 걸레질은 남에게 맡겨버리고 편리만 추구하는 방식으로는 생명을 깨닫기 어렵다. 모든 예술도 정치도 교육도 걸레질에서 시작해야 한다. 걸레질이 씨앗이다. 걸레를 많이 쥐어본 사람이 정치를 해야 하고, 교육을 책임져야 한다. 아이들에게 걸레질을 가르치지 못하면 생각하는 법, 사랑하는 법을 습득시킬 수 없다. 걸레질에서 길과 자유, 사랑과 용서 그리고 혁명과 이별을 배운다, 그 단순한 노동을 잊어버린 순간, 무수한 왜곡과 경쟁에 휘말린다. 말하는 법만 익히고 듣는 법을 배우지 못한다. 걸레질은 침묵과 겸허, 청빈, 경청, 실천, 그리고 희망과 책임에 닿아있다. 걸레를 쥘 때마다 우리는 빈손을 발견할 수 있음이다.

바다를 건너는 호랑이들

김참

　당신이 눈 감으면 내 머릿속에서 젖은 몸 말리던 물고기들 마로니에 잎처럼 흔들리고 당신이 눈뜨면 내 몸속 푸른 숲에서 호랑이들이 내려와 해변 바위 절벽에 모여든다 당신이 눈 감으면 바다가 내려다보이는 옥탑에서 늦은 아침 먹는 내 귀에 당신의 기타 소리 흘러들어 온다 당신이 눈뜨면 마로니에 열매들 아스팔트에 떨어져 구르고 당신이 눈 감으면 바다를 건넌 호랑이들 모래밭에 누어 젖은 몸 말린다 당신이 눈뜨면 바다에서 물고기들이 스프링처럼 튀어 오른다 밤하늘에 노란 반달이 뜬다 물고기들과 마로니에 잎과 푸른 숲의 호랑이들 달빛처럼 쏟아져 내린다 눈 뜨고 눈을 감는 것, 당신이 눈을 뜨고 당신이 눈 감는 것, 그것이 세계가 존재하는 방식이다. 당신이 눈을 끔벅일 때마다 세계는 숨바꼭질을 한다. 또는 '무궁화꽃이 피었습니다'를 낭랑하게 외친다. 아니, 눈을 떴다 감을 때마다 지진이 일어난다고나 할까. 그 놀이는 이미지의 지층으로 출렁인다. 당신이 눈을 뜨면 무수한 세계는 돌아오고 흔들린다. 눈을 감아도 그 세계는 핏줄 속에서 깨어나 계속 당신을 부른다. 눈뜸과 눈 감음 사이에 생성되는 우주의 변화를 감지할 수 있는가. 심장 안에 무수한 상상력으로 살고 있는 원형의 기억을 놀게 하는 것은 당신의 응시이고, 당신의 감수성이다. 선명한 결을 이루고 있는 감각들을 하나하나 마주하라. 누구를 향하여 눈을 뜨는가. 무엇을 위하여 눈을 감는가. 호랑이가 매일 심해를 건너온다. 물고기들은 마로니에 잎으로 매일 태어난다. 허접한 일상을 가로지르는 존재의 목소리들이 그렇게, 그렇게 당신을 부르고 있으니.

北銘

김시습

물 한 쪽박 찬밥 한 술이라도	水一瓢食簞
그저 먹지 말며	切勿素餐
한 그릇을 먹었으면	受一飯
한 사람의 몫을 하되	使一力
모름지기 의로움의 뜻을 알라	須知義適

하루아침의 하찮은 근심은 없더라도	無一朝患
종신토록 큰 근심으로 근심을 하며	而憂終身之憂
병 같지 않은 병이 있을지라도	有不病之癯
도를 즐기고 즐거이 여기자	而樂不改之

선비의 풍도를 잊지 말라	敦尙士風
염치는 개운하고 흐뭇하더라	廉恥輕厭

세태의 흐름은 사특한 것	俗態詐慝
칭찬에 기뻐하지 말며	勿喜矜譽
욕을 하더라도 성내지 말지니	勿嗔毀辱
기꺼이 순리를 따르노라면	怡然順理
조용히 얻는 것이 있으리라	悠然有得

골짜기로 오르는 구름에 반하지 말며	無心出岫之雲影
임자 없는 달빛에 아첨하지 말라	不可懸空之月色
처신과 말에 매달리지 않음은	動靜語默忘形骸
아득한 태평성대의 순박함이요	羲皇上世之淳朴
몸가짐과 법도에 상상을 둠은	容止軌則存想像

당우 삼대의 바탕이리라	唐虞三代之典則
네가 돌아볼 때마다	冀子觀省
이 북벽에서 느낄지니	感於北壁

月印千江

북쪽에 새긴다는 것. 그 자체로 고독한 일이다. 북쪽은 춥고 외롭고 멀다. 오행상 물을 상징하는 북쪽은 계절로는 겨울이고 색깔로는 검은색, 짐승으로 치면 현무이다. 사람이 죽어 묻히는 곳을 '북망산'이라 이르듯 결국 인간이 가야 할 자리이기도 하다. 모든 존재에게는 생의 북쪽이 있다. 진정한 '개인'이란 북벽을 제대로 사는 사람이 아닐까. 북벽이 없는 개인이나 사회는 자신을 깨닫지 못한다. 북벽이란 '하루 아침의 하찮은 근심은 없더라도/ 종신토록 큰 근심으로 근심하는' 힘이다. 또한 모름지기 '의로움의 뜻을 아는 한 사람의 몫'인 절망이기도 하다.

 이 북벽은 탐진치를 벗어나는 힘이며, 북쪽을 제대로 바라보는 일은 자신의 빈손을 당당하게 한다. 이 북벽을 잃어 우리는 사소한 일에 분노하고, 불안과 불신이라는 폭력의 시대에 시달린다. '종신토록 근심해야 할' 큰 근심은 무엇을 말하는 것일까. 『그리스 조르바』에서 조르바는 지독한 싸움에 휘말린 세 번째 부류를 언급한다. 이 부류는 물질을 정신으로 바꾸는 싸움에 몰입해 있다. 메토이소스, 즉 거룩한 변화를 추구하는 싸움이다. 진정한 북벽은 바로 이 싸움에 휘말린 근심이 아닐까. 개인의 욕망도 아닌, 인간 중심주의도 아닌, 진정한 우주적 삶을 지향하는 자유 말이다. 그것이 참된 개인이기에. 나의 북벽을 찾아가는 길. 오늘, 다시, 북쪽바람에라도 새길 일이다.

이 책의 시인들

그 맑음에 마음 실어

정낙추   1952년 충남 태안 출생. 2002년 《내일을 여는 작가》로 등단. 시집 『그 남자의 손』 외.

김사인   1956년 충북 보은 출생. 1981년 《시와 경제》 동인 결성에 참여하며, 시를 발표. 시집으로 『밤에 쓰는 편지』, 『가만히 좋아하는』, 『어린 당나귀 곁에서』 외.

송경동   1967년 전남 벌교 출생. 2001년 《시로여는세상》, 《실천문학》으로 작품 활동 시작. 시집으로 『꿀잠』, 『사소한 물음들에 답함』, 『나는 한국인이 아니다』 외.

김선우   1970년 강원도 강릉 출생. 1996년 《창작과비평》으로 등단. 시집으로 『내 몸속에 잠든 이 누구신가』, 『나의 무한한 혁명에게』, 『녹턴』 외.

최종천   1954년 전남 장성 출생. 1986년 《세계의 문학》, 1988년 《현대시학》으로 등단. 시집으로 『눈물은 푸르다』, 『나의 밥그릇이 빛난다』, 『고양이의 마술』 외.

유홍준   1962년 경남 산청 출생. 1998년 《시와반시》로 등단. 시집으로 『喪家에 모인 구두들』, 『나는 웃는다』, 『저녁의 슬하』 외.

허수경   1964년 경남 진주 출생. 1987년 《실천문학》으로 등단. 시집으로 『내 영혼은 오래되었으나』, 『청동의 시간 감자의 시간』, 『빌어먹을, 차가운 심장』 외.

이윤택   1952년 부산 출생, 1979년 《현대시학》으로 등단. 『시민』, 『춤꾼이야기』, 『숲으로 간다』 외.

고진하   1953년 경남 영월 출생. 1987년 《세계의 문학》으로 등단. 시집으로 『얼음 수도원』, 『거룩한 낭비』, 『명랑의 둘레』 외.

김기택   1957년 경기도 안양 출생. 1989년 〈한국일보〉로 등단. 시집으로 『소』, 『껌』, 『갈라진다 갈라진다』 외.

노혜경   1958년 부산 출생. 1991년 《현대시사상》으로 등단. 시집으로 『뜯어먹기 좋은 빵』, 『캣츠 아이』, 『말하라, 어두워지기 전에』 외.

정의태   부산 출생. 1986년 시집 『고독한 자의 수레』를 내고, 1989년 동인지 《문예수첩》으로 작품 활동 시작. 시집으로 『네가 이 세상에 올 줄 미리 알았더라면』, 『까치는 늘 갈 곳이 있다』, 『세상의 땀구멍』 외.

김수영   1921년 서울 출생. 1947년 《예술부락》으로 등단. 시집으로 『달나라의 장난』, 『거대한 뿌리』, 『달의 행로를 밟을지라도』 등. 초기에는 모더니스트로서 현대문명과 도시생활을 비판했으나, 4·19혁명을 기점으로 현실비판의식과 저항정신을 바탕으로 한 참여시를 썼음.

문태준   1970년 경북 김천 출생. 1994년 《문예중앙》으로 등단. 시집으로 『수런거리는 뒤란』, 『먼 곳』, 『우리들의 마지막 얼굴』 외.

최승자   1952년 충남 연기 출생. 1979년 《문학과 지성》으로 등단. 1981년 『물 위에 씌어진』, 『쓸쓸해서 머나먼』, 『빈 배처럼 텅 비어』 외.

정일남   1935년 강원도 삼척 출생. 1970년 〈강원일보〉, 1973년 〈조선일보〉로 등단. 《현대문학》 추천 완료로 작품 활동 시작. 시집으로 『꿈의 노래』, 『훈장』, 『봄들에서』 외.

정희성   1945년 경남 창원 출생. 1970년 〈동아일보〉로 등단. 시집으로 『시를 찾아서』, 『돌아다보면 문득』, 『그리운 나무』 외.

김해자   1961년 전남 신안 출생. 1998년 《내일을 여는 작가》로 등단. 시집으로 『무화과는 없다』, 『축제』, 『집에 가자』, 외.

황규관   1968년 전북 전주 출생. 전태일문학상을 수상하며 작품 활동 시작. 시집으로 『패배는 나의 힘』, 『태풍을 기다리는 시간』, 『정오가 온다』 외.

송찬호   1959년 충북 보은 출생. 1987년 《우리 시대의 문학》으로 작품 활동 시작. 시집으로 『붉은 눈, 동백』, 『고양이가 돌아오는 저녁』, 『분홍 나막신』 외.

박남준   1957년 전남 법성포 출생. 1984년 《시인》으로 작품 활동 시작. 시집으로 『다만 흘러가는 것들을 듣는다』, 『적막』, 『그 아저씨네 간이 휴게실 아래』 외.

하종오　1954년 경북 의성 출생. 1975년 《현대문학》으로 등단. 시집 『벼는 벼 끼리 피는 피끼리』, 『지옥처럼 낯선』, 『입국자들』 외.

박진규　1963년 부산 출생. 2010년 〈국제신문〉으로 등단. 시집 『문탠로드를 빠져나오며』 외.

권현형　1966년 강원도 주문진 출생. 1995년 《시와 시학》으로 등단. 시집으로 『중독성 슬픔』, 『밥이나 먹자, 꽃아』, 『포옹의 방식』 외.

고명자　1958년 서울 출생. 2005년 《시와 정신》으로 등단. 시집 『술병들의 묘지』 외.

황학주　1954년 전남 광주 출생. 1987년 시집 『사람』으로 작품 활동 시작. 시집으로 『노랑꼬리 연』, 『某月某日의 별자리』, 『사랑할 때와 죽을 때』 외.

권혁웅　1967년 충북 충주 출생. 1996년 〈중앙일보〉, 《문예중앙》으로 등단. 시집으로 『그 얼굴에 입술을 대다』, 『소문들』, 『애인은 토막난 순대처럼 운다』 외.

이성희　1959년 부산 출생. 1989년 《문예중앙》으로 등단. 시집으로 『안개 속의 일박』, 『허공 속의 등꽃』, 『겨울 산야에서 올리는 기도』 외.

함순례　1966년 충북 보은 출생. 1993년 《시와사회》로 등단. 시집으로 『뜨거운 발』, 『혹시나』 외.

정진규　1939년 경기도 안성 출생. 1960년 〈동아일보〉로 등단. 시집으로 『律呂集沼·사물들의 큰언니』, 『무작정』, 『우주 한 분이 하얗게 걸리셨어요』 외.

오규원　1941년 경남 밀양 출생. 2001년 《현대문학》 추천 완료로 작품 활동 시작. 시집으로 『토마토는 붉다 아니 달콤하다』, 『새와 나무와 새똥 그리고 돌멩이』, 『두두』 외.

위선환　1941년 전남 장흥 출생. 1960년 용아문학상을 수상하며 작품 활동 시작. 『새떼를 베끼다』, 『두근거리다』, 『수평을 가리키다』 외.

장석남　1965년 인천 덕적도 출생. 1987년 〈경향신문〉으로 등단. 시집으로 『미소는, 어디로 가시려는가』, 『뺨에 서쪽을 빛내다』, 『고요는 도망가지 말아라』 외.

박영희　1962년 전남 무안 출생. 1985년 《민의》로 작품 활동 시작. 시집으로 『팽이는 서고 싶다』, 『해 뜨는 검은 땅』, 『조카의 하늘』 외.

이정록　1964년 충남 홍성 출생. 1989년 〈대전일보〉, 1993년 〈동아일보〉로 등단. 시집으로 『제비꽃 여인숙』, 『의자』, 『정말』 외.

강영환　1951년 경남 산청 출생. 1977년 〈동아일보〉 입선. 1979년 《현대문학》 추천 완료로 작품 활동 시작. 시집으로는 『뒷강물』, 『푸른 짝사랑에 들다』, 『집을 버리다』 외.

곽재구　1954년 전남 광주 출생. 1981년 〈중앙일보〉로 등단. 시집으로 『참 맑은 물살』, 『꽃보다 먼저 마음을 주었네』, 『와온 바다』 외.

김형술　1956년 경남 진해 출생. 1992년 《현대문학》으로 등단. 시집으로 『나비의 침대』, 『물고기가 온다』, 『무기와 악기』 외.

고　영　1966년 경기도 안양 출생. 2003년 《현대시》로 등단. 시집으로는 『산복도로에 쪽배가 떴다』, 『너라는 벼락을 맞았다』, 『딸꾹질의 사이학』 외.

나희덕　1966년 충남 논산 출생. 1989년 〈중앙일보〉로 등단. 시집으로 『사라진 손바닥』, 『야생사과』, 『말들이 돌아오는 시간』 외.

정일근　1958년 경남 진해 출생. 1985년 〈한국일보〉로 등단. 시집으로 『기다린다는 것에 대하여』, 『방!』, 『소금 성자』 외.

김종해　1941년 부산 출생. 1963년 《자유문학》, 〈경향신문〉으로 등단. 시집으로 『바람 부는 날은 지하철을 타고』, 『별똥별』, 『풀』 외.

김상미　1957년 부산 출생. 1990년 《작가세계》로 등단. 시집으로 『모자는 인간을 만든다』, 『검은 소나기떼』, 『잡히지 않는 나비』 외.

주용일　1964년 충북 영동 출생. 1994년 《현대문학》으로 등단. 시집으로 『문자들의 다비식은 따뜻하다』, 『꽃과 함께 식사』, 『내 마음에 별이 뜨지 않은 날들이 참 오래 되었다』.

유지소　1962년 경북 상주 출생. 2002년 《시작》을 통해 등단. 시집 『제4번 방』, 『이것은 바나나가 아니다』 외.

이홍섭　1965년 강원도 강릉 출생. 1990년 《현대시세계》로 등단. 시집으로 『강릉, 프라하, 함흥』, 『가도 가도 서쪽인 당신』, 『터미널』 외.

문인수　1945년 경북 성주 출생. 1985년 《심상》으로 등단. 시집으로 『배꼽』, 『적막 소리』, 『나는 지금 이곳이 아니다』 외.

정끝별　1964년 전남 나주 출생. 1988년 《문학사상》으로 등단. 시집으로 『와락』, 『흰 책』, 『은는이가』 외.

김남조　1927년 경북 대구 출생. 1948년 〈연합신문〉으로 등단. 시집으로 『목숨』, 『평안을 위하여』, 『희망학습』 외.

강은교　1945년 함남 홍원 출생. 1968년 《사상계》로 등단. 시집으로 『초록거미의 사랑』, 『네가 떠난 후 너를 얻었다』, 『바리연가집』 외.

이경림　1947년 경북 문경 출생. 1989년 《문학과 비평》으로 등단. 시집으로 『시절 하나 온다, 잡아먹자』, 『상자들』, 『내 몸속에 푸른 호랑이가 있다』 외.

이강산　1959년 충남 금산 출생. 1989년 《실천문학》으로 등단. 시집으로 『세상의 아름다운 풍경』, 『물속의 발자국』, 『모항』 외.

박남희　1956년 경기 고양 출생. 1996년 〈경인일보〉, 1997년 〈서울신문〉으로 등단. 시집으로 『폐차장 근처』, 『이불 속의 쥐』, 『고장난 아침』 외.

최영철　1956년 경남 창녕 출생. 1984년 《지평》, 《현실시각》으로 작품 활동 시작. 1986년 〈한국일보〉로 등단. 시집으로 『호루라기』, 『찔러본다』, 『금정산을 보냈다』 외.

공광규   1960년 서울 출생. 1986년 《동서문학》으로 등단. 시집으로 『소주병』, 『말똥 한 덩이』, 『담장을 허물다』 외.

허만하   1932년 대구 출생. 1957년 《문학예술》로 등단. 시집으로 『비는 수직으로 서서 죽는다』, 『물은 목마름 쪽으로 흐른다』, 『야생의 꽃』 외.

안상학   1962년 경북 안동 출생. 1988년 〈중앙일보〉로 등단. 시집으로 『오래된 엽서』, 『아배 생각』, 『그 사람은 돌아오고 나는 거기 없었네』 외.

신정민   1961년 전북 전주 출생. 2003년 〈부산일보〉로 등단. 시집으로 『꽃들이 딸꾹』, 『뱀이 된 피아노』, 『나이지리아의 모자』 외.

이규열   1957년 부산 출생. 1993년 《현대시학》으로 등단. 시집으로 『왼쪽 늪에 빠지다』, 『울지 않는 소년』 외.

이선형   1958년 경남 통영 출생. 1995년 《현대문학》으로 등단. 시집으로 『밤과 고양이와 벚나무』, 『나는 너를 닮고』 외.

서규정   1949년 전북 완주 출생. 1991년 〈경향신문〉으로 등단. 시집으로 『참 잘 익은 무릎』, 『그러니까 비는, 객지에서 먼저 젖는다』, 『다다』 외.

정한용   1958년 충북 충주 출생. 1985년 《시운동》으로 작품 활동 시작. 시집으로 『흰꽃』, 『유령들』, 『거짓말의 탄생』 외.

이상국   1946년 강원도 양양 출생. 1976년 《심상》으로 등단. 시집으로 『동해별곡』, 『내일로 가는 소』, 『집은 아직 따뜻하다』, 『어느 농사꾼의 별에서』 외.

서정춘   1941년 전남 순천 출생. 1968년 〈신아일보〉로 등단. 시집으로 『죽편』, 『봄, 파르티잔』, 『귀』, 『물방울은 즐겁다』 외.

이중기   1957년 경북 영천 출생. 시집으로 『다시 격문을 쓴다』, 『오래된 책』, 『시월』 외.

문정희   1947년 전남 보성 출생. 1969년 《월간문학》으로 등단. 시집으로 『나는 문이다』, 『다산의 처녀』, 『웅』 외.

박정대 1965년 강원도 정선 출생. 1990년 《문학사상》으로 등단. 시집으로 『내 청춘의 격렬비열도엔 아직도 음악 같은 눈이 내리지』, 『사랑과 열병의 화학적 근원』, 『모든 가능성의 거리』 외.

박노해 1957년 전남 함평 출생, 1983년 《시와경제》로 등단. 시집으로 『노동의 새벽』, 『겨울이 꽃핀다』, 『그러니 그대 사라지지 말아라』 외.

복효근 1962년 남원 출생, 1991년 《시와시학》으로 등단. 『당신이 슬플 때 나는 사랑한다』, 『새에 대한 반성문』, 『따뜻한 외면』 외.

조용미 1962년 경북 고령 출생. 1990년 《한길문학》으로 등단. 시집으로 『일만 마리 물고기가 山을 날아오르다』, 『삼베옷을 입은 자화상』, 『나의 다른 이름들』 외.

손세실리아 1963년 전북 정읍 출생. 2001년 《사람의 문학》으로 작품 활동 시작. 시집으로 『기차를 놓치다』, 『꿈결에 시를 베다』 외.

안도현 1961년 경북 예천 출생, 1981년 〈매일신문〉, 1984년 〈동아일보〉로 등단. 시집으로 『서울로 가는 전봉준』, 『간절하게 참 철없이』, 『북항』 외.

장옥관 1955년 경북 선산 출생. 1987년 《세계의 문학》으로 등단. 시집으로 『황금 연못』, 『달과 뱀과 짧은 이야기』, 『그 겨울 나는 북벽에서 살았다』 외.

오정환 1947년 부산 출생. 1981년 〈한국일보〉 신춘문예로 등단. 시집 『물방울 노래』, 『노자의 마을』, 『푸른 눈』 외.

김 참 1973년 경남 삼천포 출생. 1995년 《문학사상》으로 등단. 시집 『시간이 멈추자 나는 날았다』, 『그림자들』, 『빵집을 비추는 볼록거울』 외.

김시습 조선 초기의 학자・문인 생육신의 한 사람. 저서로 『매월당집』, 『금오신화』 등. 성격이 괴팍하고 날카로워 광인처럼 여겨지기도 하였으나 배운 바를 실천으로 옮긴 지성인. 천재시인이면서 농민의 고통을 대변한 저항시인으로 방랑한 방외인.

세사르 바예호　페루 시인(1892-1938). 시집으로 『검은 전령』, 『트릴세』, 『스페인이여! 내게서 이 잔을 거두어다오』 외 다수. 마르크시즘에 심취하였음.

비스와바 쉼보르스카　1923년 폴란드 쿠르니크에서 출생. 1945년 〈폴란드일보〉에 시 「단어를 찾아서」를 발표하면서 문단에 데뷔. 시집으로 『우리가 살아가는 이유』, 『콜론』 외 다수. 1996년 노벨문학상 수상.

호세 마르티　1853-1895. 쿠바의 시인이며 사상가. 독립영웅이며 쿠바 정신의 바탕을 이루고 있는 작가. 시집으로 『어린 이스마엘』, 『소박한 시』, 유고시집 『자유로운 시』가 있으며, 신문 기고문 『우리 아메리카』는 라틴아메리카 사상의 한 획을 그었음. 연설, 시, 번역 등 모든 기록들은 유네스코 세계기록유산으로 등재되어 있음.

파블로 네루다　1904년 남칠레 지방에서 철도 노동자의 아들로 출생. 열아홉 살 때 『스무 편의 사랑과 시와 한 편의 절망의 노래』로 대중적 사랑을 받음. 시집으로 『지상의 거처 Ⅰ, Ⅱ, Ⅲ』, 『모두의 노래』, 『충만한 힘』 『단순한 것들을 기리는 노래』 등. 1971년 노벨문학상 수상.

이르마 피네다　멕시코 사포테카 여성 시인. 사포테카는 기원 10~16세기에 있었던 멕시코 오하가 지역의 고대문명. 구전으로 전해온 사포테카어의 시편을 스페인어로 옮김.

미야자와 겐지　일본 시인이자 동화작가(1896~1932). 풍부한 상상력과 감수성이 뛰어난 시인이면서 과학자, 농촌운동가, 신앙인 등 다면적인 성향이 조화를 이루며, 자연과의 교감을 추구했음. 시집으로 『봄과 아수라』(제1집-3집) 외 다수.

백년어서원 창가에서 읽은 시

스미다

2016년 10월 26일 초판 1쇄 발행

엮은이 김수우
펴낸이 윤영진
편 집 함순례
홍 보 한천규
펴낸곳 도서출판 애지
등록   제 2005-5호
주소   34623 대전광역시 동구 대전로867번길 46 4층
전화   042 637 9942
팩스   042 635 9941
전자우편 ejiweb@hanmail.net

ⓒ김수우 2016
ISBN 978-89-92219-64-8 03810

* 저자와의 협의에 의해 인지를 생략합니다

값 15,000